ライブ・経済学の歴史

〈経済学の見取り図〉をつくろう

小田中直樹
ODANAKA Naoki

keiso shobo

まえがき

大学の経済学部の三年生のとき、ぼくは、さる大家の教授が講じるマクロ経済学の講義を聴講しました。この教授はシカゴ大学という、経済学の分野では超一流の大学で教授を務めて帰国したという、世界でも指折りの理論経済学者でした。わりと真面目だったぼくは、一回目の講義に際して、最前列に座って教授を待ちました。教授は教壇に登ると、まず最前列にいたぼくを指差し、「GNP」の定義と算出式を尋ねました。真面目だったくせに経済学の知識に乏しかったぼくは、なんとこの質問に答えられませんでした。これに発奮して経済学を勉強した、というのであれば、「めでたし、めでたし」で終わる単なる自慢話。でも、実際には、ぼくは逆に経済学の勉強を放棄し、経済学がわからなくてもやってゆける（と、浅はかにも当時は思っていた）社会経済史学を専攻することに決めました。

ところが因果はめぐるもので、それから二〇年近くたって、ぼくは大学で「経済学史」つまり経済学の歴史を講じなければならなくなりました。経済学史を講じるためには経済学史を知っていることが前提条件だし、経済学史を理解するためには経済学を知っていることが前提条件です。というわけで、ぼくは、大学三年生のときの決心を心から後悔しながら、経済学を勉強しなおしはじめました。

そうするうちに、ぼくには疑問が湧いてきました。大学三年生のぼくはGNPの算出式を知らなかったし、いまに至るまで（じつは）正確には知りませんが、それでもこの二〇年来、日常生活に不便を感じたことはありません。GNPは翻訳すれば「国民総生産」ですから、この言葉を見れば、それが「国民がつくりだした富の合計」みたいなものを意味することくらいはわかります。国民総生産が増えれば国民経済は快調、減れば不調、ということもわかります。でも、それ以上のこと、たとえば国民総生産の算出式を知ることは、ぼくらの日常生活にとって必要なのでしょうか。

経済学において、GNPはもっとも基本的な知識の一つです。それですら、こんな疑問が浮かびます。とすると、経済学のあれやこれやを知っておくことは、本当に必要なのでしょうか。必要だとすれば、なぜ、どのように、必要なのでしょうか。

疑問といえば、もう一つ。経済学を勉強する第一歩は経済学の教科書を読むことです。というわけで、ぼくも久しぶりに教科書を何冊かひもとき、読みはじめたのですが、どういうわけか、どこかしっくりこないのです。何が問題かというと、たとえば、大抵の教科書は経済学をミクロ経済学とマクロ経済学に分け、各々を別の章で説明します。「第一部・ミクロ経済学、第二部・マクロ経済学」といった具合です。それでおもいだしましたが、大学に入学したとき、経済学の理論の講義が何種類もあって、ぼくは驚いたものでした。

でも、ミクロ経済学もマクロ経済学も、経済現象を扱う点では同じはずです。一体何が違うのでしょうか。対象が違うといわれるかもしれませんが、両者はともに「理論」であり、つまり、様々な経済現象を一貫して説明するためにくみたてられた基本的な理屈です。基本的な理屈として相異なるものがいくつも存在するというのは、学問にとっては由々しき事態です。一体どう考えればよいのでしょうか。でも、このことを考えるヒントになるような教科書には、ぼくはなかなかめぐりあえませんでした。

基本的な理屈と理屈のつながりもよくわからないし、日常生活を送るうえでも必要なさそうにみえる学問領域。ぼくがふたたび勉強しはじめたときに得た経済学のイメージは、じつはそんなものでした。でも、経済学というのは、本当にそんなものなのでしょうか。この本は、こんな疑問から生まれました。

ライブ・経済学の歴史

——〈経済学の見取り図〉をつくろう

目次

目次

序章 なぜ、いま、経済学の歴史なのか

【経済学入門としての経済学史】

経済学のご利益（ごりやく）を考える

経済学は必要なのか。そして、役に立つのか。

もちろん、こう問うたからといって、経済学を全くの無用物とみなすつもりはありません。たとえば、経済学者は経済学という学問領域の奥義を窮めることが仕事です。社会科の教員、公認会計士、税理士、シンクタンク研究員、企業の企画部門など、経済学の知識を使える仕事もあります。また、経済政策が誤った方向に進むのを経済学者が牽制するなど、経済学が世界の人々全体の役に立つ可能能

性もあります。さらに、たとえ日常生活の役に立たなくても、経済学を学びたいという人もいることでしょう。

では、次の問題です。経済学を生業としない人を経済学の「アマチュア」と呼ぶとすれば、経済学のアマチュアにとって、経済学が供給する知識は必要なのか。また、役に立つのか。

たしかに、アマチュアにとっても、日常生活を考えればすぐにわかるように、経済にまったく無関心だったり無知だったりするのではまずいでしょう。

でも、世界の人々全体のことを考える前に、まず自分の日常生活のことを考えざるをえない人がいます。たとえば、アフガニスタンで、西アフリカで、あるいはその他の地域や国で、貧困や飢饉に苦しんでいる子供たち。彼（女）たちの苦しみを想って心を痛めながらも、しかし自分の日常生活を維持することに全力を注がなければならない市井の人々。

経済学の知識が直接仕事に役立たない人もいます。たとえば、大学の経済学部を卒業し、大学で身につけた経済学を活用できる機会を得たことに胸をふくらませて銀行に就職したところ、営業部に回され、「銀行業の基本は知識よりは義理と人情なんだぞ」といった教訓を垂れる上司と街を歩き、靴底と希望をすりへらしてゆく新入行員。

時間と財産をもてあまして「経済学でも勉強してみよう」と考える、なんて夢のまた夢であるような人だっています。たとえば、こつこつと納期どおり製品を作りながら、「世の中デフレだからねえ」と弁解する取引相手から納入単価をきりさげられ、納得するもしないもなく、いつの間にか手持ち資金が少なくなってゆく中小の業者。

こんな人々にとって、依然として問題はそこにあります。経済学がアマチュアの役に立つとすれば、どんなとき、どんな場面で、どんなかたちで、役に立つのか。彼（女）たちは、経済学の奥義を極めるひまがあったら、日々の経済活動に頭を悩まさなければならないのです。とすると、経済学の知識のうち、アマチュアにとって必要であって役に立つものと、不要であって役に立たないものとを分別することが必要になります。

教養としての経済学は、アマチュアにとっても不可欠なツールである

経済学を意識することなく、日常生活を送ることはできます。でも、経済学とまったく無関係に日常生活を送ることはできません。それは、今日の経済政策が経済学を利用して立案されているからであり、ぼくらの日常生活が経済的な営みを含んでいる限り経済政策の影響を受けざるをえないからです。だから、アマチュアであっても、日常生活をよりよいものにするためには、ある程度の経済学の知識が必要です。自分の物質生活を改善し、精神生活を豊かなものにするために、それを活用することが必要です。逆にいえば、経済学のなかには、アマチュアの役に立つ知識が含まれています。

アマチュアの役に立つ知識は、国家や社会ではなく、個人のためのものです。また、与えられ学ばなければならないものではなく、自分にとって必要だと自分で判断したものです。この二つの意味で個人主義的な知識を日常生活のなかで集めてつくりあげたカタログを、この本では「教養」と呼ぶこ

とにします。教養は、各々の個人にとって意味があり、役に立ち、そして不可欠なものです。もちろん、教養がなくても生活はできるでしょうが、たぶんまっとうな社会生活を送ったり生活を改善したりすることは困難です。

ちなみに、経済学、というか経済学者にとっても、アマチュアに教養を提供することは不可避の義務です。その理由は簡単で、経済学者のほとんどは何らかのかたちでアマチュアの援助を受けているからです。国公立学校の教員であれば、税金が給料になります。私立学校の教員であっても、学生をはじめとするアマチュアからもらった授業料が給料になります。企業やシンクタンクの研究員だって、自社の商品をアマチュアが買った代金が給料になります。働く必要がない裕福な人は別として、大抵の経済学者はアマチュアから代金をもらって知識を供給しているわけです。とすれば、そこで彼（女）たちが供する知識は一種の商品です。商品であるからには、購入するアマチュアの役に立たなければなりません。

さて、本題に戻って、この意味での教養をアマチュアが身に付ける方法としては色々なものが考えられますが、次の二つは不可欠でしょう。まず、自分の日常生活をふりかえり、自分に必要な知識について見当をつけること。そして、とにかく沢山の知識に接触し、取捨選択し、自分に必要なものだけを残すこと。もちろん、この二つの作業は、どちらも、時間はかかるし、糸口はわかりにくいし、口でいうほど簡単なものではありません。それでも、こんな作業を経て身に付けた教養は、日常生活を過ごすうえで強力な武器になることでしょう。

では、経済学について、アマチュアはどんな教養を持てばよいのか。「自分の日常生活に役立つ」という基本的な観点に立った場合、大切なのは、経済学の基本的な知識を体得し、それを日常生活で応用することです。日常生活で必要な経済学の知識があることがわかったら、学べばよいだけのことです。ちなみに、学ばなければ、自分の損になるだけのことです。

経済学は、小難しい数式が並んだ、現実離れした学問などではありません。もちろん、最先端の経済学者が進めている研究は、きわめて高度なものです。でも、その基本的な目的は、ぼくらが日常生活をよりよく生きるために必要な、いわば「生きる力」を与えることにあります。日常生活で出会う様々な現実にのみこまれることなく、自分なりに理解するためには、それらを相対化することが必要です。経済学はそのためのツールの一つです。アクチュアルな問題に対処するためのツールとしての知識こそが、教養としての経済学の本質です。ですから、自分の役に立つ限りでの経済学の知識を身に付け、活用することは、有意義なはずです(クルーグマン[a]、野口[a])。そして、それ以上の細かな知識は、教養としての経済学の守備範囲外です。

たとえば、新聞の経済欄を飾る解説記事を食わず嫌いで読みとばすことなく、ざっとでもよいから目を通したうえで、それが正しいか否かを考えられること。経済政策をめぐる論争が展開されているとき、それが自分の日常生活に影響を与えることを自覚し、自分なりに立場を決定できること。そういった態度を採れるようになることが、教養としての経済学を学ぶ目的です。

残るのは、どんな知識が教養としての経済学の守備範囲に含まれるか、という問題です。この問題は具体的なので、経済学の歴史をたどったあとに、終章で考えます。

経済学史は経済学の見取り図である

では、教養としての経済学を体系的に会得するにはどうすればよいか。ぼくは、経済学の歴史（経済学史）を通観することが有効だと思っています（若田部［a］）。経済学史は一種の歴史です。だから、経済学史はアクチュアルではないとか、経済学史を学ぶことに意義はないとか、それは単なる懐古趣味だとかいった声もあるかもしれません。でも、ぼくはそう思っていません。

経済学が誕生してから今日に至るまで、様々な所説や学派が誕生しては消滅してきましたが、経済学が扱う主題はそれほど変わっていません。もちろん、大企業が誕生したとか、政府が経済の領域に大々的に介入するようになったとかいった変化はあります。でも、財の分配や貧困層の生存といった主題は、一貫して経済学者の関心を集めてきました。だから、今日の経済学者が関心を寄せている主題に過去の経済学者がどんな処方箋を寄せたかを考えることは、単なる懐古趣味ではありません。それによって、今日の経済学者の処方箋を相対化し、自分なりに評価する際の補助線がみつかるかもしれません。その意味で、経済学史を学ぶことはつねにアクチュアルです。

アマチュアにとって、経済学史にはさらに大切な効能があります。経済学の様々な主題を自分なりに整理し、位置付け、理解するための見取り図の役割を果たすことです。何の手がかりもなく書店の経済コーナーに行ったら、大抵は本の山に目がくらむことでしょう。しかも、そこには怪しい本とまともな本が混在しています。両者を区別できるだけの知識や勘を備えていればまだしも、そうでなければ、本の海のなかで難破してしまうかもしれません。あるいは、経済学の本を開き、読みすすめるうちに、知識を整理しきれずパンクしてしまうかもしれません。見取り図が役に立つのはそんな場面です。アマチュアにとって、経済学はツールです。でも、世の中には沢山のツールがあります。それらのなかから自分が必要なものを選択するためには、それらを比較し、相対化することが必要です。経済学史についての知識は、そのためのツールになります。つまり、それは、現実を相対化するためのツールである諸々の経済学を（互いに比較することによって）相対化するためのツールです。

歴史を通観することによって教養としての経済学にアプローチすることの独自性と、たぶん強みは、ここにあります。書店の経済コーナーに行けばすぐにわかるように、巷には、「三分でわかる」とか「サルでもわかる」とか、そんなたぐいのタイトルが付いている経済学の入門書が溢れています。これらを読むと、確実に教養は身に付きます。ただし留意しなければならないのは、これらの大部分は特定の立場に立って書かれている、ということです。そして、自らが拠って立つ立場そのものの正当性を疑い、あるいは（そこまで行かなくても）再確認するという作業は、なされていないのが普通です。

経済学に限らず、ものごとを学ぶ際にもっとも危険なのは、ある学者なり学派なりの立場を絶対視してしまうことです。経済学に即していえば、たとえば、スミス（イギリス、一七二三〜一七九〇）に始まる「古典派」の所説を無謬と信じてしまうと、マルクス（ドイツ、一八一八〜一八八三）がそれを批判した理由や、一九世紀末に「限界革命」が生じた理由がわからなくなってしまいます。限界革命によって成立した（初期の）「新古典派」の所説を盲信してしまうと、ケインズ（イギリス、一八八三〜一九四六）がマクロ経済学を構想しなければならなかった理由や、近年になって様々な理論的な革新が続いている理由がわからなくなってしまいます。

ものごとを相対化する姿勢を身に付けておけば、一つのものごとを盲目的に信頼してしまう危険から身を守れます。そのためには、様々で、場合によっては相対立する複数のものごとを学び、自分なりに評価し、相互に比較することが有効です。そして、比較して相対化するには、歴史を通観するというアプローチが有効です。それによって、自分の頭で考え、自分で決めることができるようになるはずです

では、経済学史を学ぶことは、どんな場面で、どんなかたちで、ぼくらの日常生活の役に立つのか。この具体的な問題もまた、経済学史をたどったあとに、終章で考えます。ただし、「経済学の歴史を知ることは役に立つ」というのがこの本で一番いいたいことですから、序章のあとにまず終章を読み、この主張の当否を判断してから残りの諸章をやっつける、というのも、一つの読み方です。

というわけで、この本では、経済学はアマチュアのご利益（ごりやく）になるという発想から、経済学史をたどることにします。ですから、この本の目的は、ここに出てくる様々な経済学者や学派の名前や業績を覚えることではありません。たとえばスミスやマルクスやケインズや新古典派といった名前は、この本を読んだあと、すぐに、きれいさっぱり忘れてしまってかまいません。大切なのは、日常生活のなかの経済的な問題を自分なりに理解できるようになることです。

【経済学史にとりくむ準備をする】

ておきます。

対象を定義する

経済学史とは何か。どう接近すればよいのか。経済学史をたどるのに先立って、この問題を検討しておきます。

そもそも「経済学とは何か」が、わかったようでわからない問題です。研究者の間にも色々な考えがあるし、「経済学」という言葉が意味するものは時代によって変わってきました。たとえば、一九世紀イギリスのある経済学者は、富の生産にかかわる科学を「プルートロジー」と呼び、富の交換にかかわる科学を「カタラクティクス」と呼んだうえで、経済学は後者に属すると主張しました。これに対して、同時代に生きたミル（父のジェームズ・ミルも経済学者でしたが、以下この本でとりあげるのはつねに子のジョン・スチュワート、イギリス、一八〇六〜一八七三、です）は、経済学を、富の生産と交換の両方をとりあつかう科学と定義しました（佐々木［a］九八頁）。あるいは、経済学史を概観すると、一九世紀前半の経済学は富の生産を重視していたのに対して、一九世紀後半以降の経済学は富の交換を重視しています。

ただし、何が経済学か、あるいは経済学の定義としてはどれが正しいのか、といった問題をめぐる論争は、アマチュアにはさほど意味がありません。ツールとして利用するために経済学を学ぶアマチュアにとっては、日常生活に含まれる経済活動の全体が経済学の守備範囲であるべきです。それをカバーできないような定義は、狭すぎて役に立ちません。それと無関係になされる論争は、論争のための論争にすぎません。この本では、日常生活で出会う経済活動をカバーすることを目的として、もっとも広い経済学の定義を採用します。つまり「財の生産、交換、流通、消費にかかわる行為を分析し、叙述する学問領域」です。

このように経済学をひろく定義すると、経済学史という領域は、全てカバーするのは不可能なほど広大になります。ですから、膨大な数にのぼる所説や経済学者について、対象としてとりあげるべきか否か、何らかの基準を用いて取捨選択しなければなりません。たとえば、経済学の父と呼ばれているスミスに触れずに経済学史を叙述することは不可能でしょう。いまなお経済政策に大きな影響を与えているケインズを論じることもまた不可欠でしょう。では、かつて強大な影響力を誇示したマルクスはどうか。マルクスの論敵たちはどうか。

経済学史は、それを叙述する主体（つまり経済学史学者）の意向によって、いくらでも変化します。だからこそ、あの経済学者が論じられていない、この経済書がとりあげられていない、といった批判が生まれます。経済学史を叙述するのであれば、まず、対象を取捨選択する際の基準と、それを採用した理由を、明確に示さなければなりません。そして、採用された基準は、可能な限り客観的で説得的なものでなければなりません。

この本では、「アマチュアが日常生活における経済活動を理解する際に役立つ知識を提供するか否か」を基準として、経済学史上の所説や論争を取捨選択します。この基準を用いると、経済学の基本的な知識や論争をめぐる歴史がたどられることになります。

対象に接近する

ここまで来て、ようやくアプローチの問題を論じる地点に至りました。

この本では、まず、経済学は現実ときりはなされた机上の空論ではないと考える立場から、様々な所説が生まれ、発展したときの時代背景がその各々に与えた影響を重視します。経済学は、経済学者が机の上や頭の中でつくりあげたものではありません。現実の様々な問題に直面し、それを解決する方法について悩んだ努力の産物です。

また、各々の時代の経済学者が、現実的で政策的な課題としてもっとも重要だと判断した主題を重視します。これによって、現実に対する彼（女）たちの認識がどれくらい妥当だったかを評価できるようになります。

そして、各々の主題をめぐる所説の学問的な系譜を追跡し、それによってその主題の扱い方が時代によってどう変化するかを確認することを重視します。一つの主題を見ても、当然のことですが、時代によって、人々の理解も分析の方法も変わります。それを（なるべく）現在まで跡付け、その主題をめぐる知的な探求の試みがぼくらにとって有益か否かを検討します。

経済学者たちがどんな主題を最重要と考えたかを理解すること、一つの主題について経済学者たちがどんな認識を示してきたかをたどること、この二つの作業を重視するのは、歴史を通観するというアプローチの強みは比較と相対化にあると考えているからです。

この本の構成は歴史を追っていない

この本は、序章と終章を除き、七つの章からなっています。各章は、経済学にとって重要な主題を一つとりあげ、その時代的な背景、それを論じた代表的な経済学者の所説、そしてその系譜を概観します。

では、どんな主題を選択すればよいか。この点について、クルーグマン（アメリカ合衆国、以後「合衆国」と表記、一九五三〜）は「経済にとって大事なことというのは、つまりたくさんの人の生活水準を左右するものは、三つしかない。生産性、所得配分、失業、これだけ」（クルーグマン［b］二五頁）と喝破しました。この本はもう少し視野を広げ、分配、再生産と価値、生存、政府、効用、企業、失業、この七つの主題をとりあげます。経済学にとって重要な主題は、ほぼこの七つだと判断しているわけです。

いうまでもなく、この本が経済学上の重要な主題をすべてカバーしているわけではありません。実際、重要な主題がいくつもこぼれおちていたり、別の主題との関連で触れられるに留まったりしています。これは、その主題を無視してよいことを意味しているわけではありません。単に、七つの主題と比較すると重要性は相対的に低いという判断、この本の分量、ぼくの能力、他に優れた本があること、といった理由の産物です。七つからはこぼれおちたが重要な主題としては、開発、所有、市場、生産性、といったものがすぐに思いつきます。他にもあるはずですが、とりあえずこの四つの主題について、章を立てて論じない理由を説明しておきます。このうち開発を分析の対象とする「開発経済学」については、すでに、この本と同じく歴史的アプローチを採り、わかりやすく、とても優れた入門書が刊行されています（絵所［a］、峯［a］）。ですから、この本ではとりあげませんでした。それらをひもとくことをおすすめします。

所有のあり方をめぐる議論を見ると、課税すら否定する全くの私的所有を支持する立場から、私有財産を全面的に否定する急進的な立場まで、様々な立場があります。ぼくらの日常生活を考えてみても、所有の問題には大きな関心が払われています。ぼくらは自分が所有する財を用いて生活していますから、それも当然でしょう。ただし、経済学において所有の問題が重視されてきたか、というと、なかなか微妙です。経済学の目的の一つは、経済の領域で働いている様々なメカニズムを解明するために、その根拠を明らかにすることです。ところが、経済学の知識を利用して、あれやこれやの所有のあり方の根拠を明らかにすることは、できません。たとえば、私的所有の根拠は、大抵は、政治的（武力によって獲得された）、法律的（私的所有権が法的に保証された）、あるいは哲学的（最初に利用した者が獲得できた）な要因に帰されています。経済学にとって、所有のあり方は議論や分析の（対象ではなくて）前提をなしているわけです。経済学者が論じてきたのは、むしろ、ある所有のあり方を前提にして、それをどう修正すればどんな効果があるかという問題、つまり分配の問題でした。

同じく「市場」も経済学にとって鍵になる概念です。経済学者がおもに問題にしてきたのは、実際に財が集まる場としての「いちば」ではなく、財と財の取引が集合して形成される「しじょう」ですが、この意味での市場を考察の対象にしなかった経済学者はいないといってよいでしょう。政府を分析した経済学者の念頭にも、企業を論じた経済学者の念頭にも、市場への関心がありました。ただし、大抵の経済学者にとって、市場もまた、所有と同じく、議論や分析の（対象ではなく）前提でした。肯定するにせよ批判するにせよ、いずれにせよ議論の対象としては当然ながら存在する、一種の空気のようなものでした。市場の問題は他の主題ほど大切ではないとぼくが判断したのはそのためです。

これに対して、生産性をめぐる議論の状況はちょっと違います。クルーグマンもいうように、ぼくらの生活の水準を向上させるうえで、生産性は決定的な役割を果たしています。というわけで、幾多の経済学者が生産性のメカニズムを分析してきました。ところが、それを解明することに成功した人はいません。依然として一種のブラックボックス状態なのです。というわけで、生産性を主題とする章を立てることはなかなか困難です。

また、七つの主題は時系列的な流れと関係なく並んでいるようにみえるかもしれませんが、そうではありません。各章でおもに扱う経済学者は、ほぼ時代順に並んでいるはずです。ぼくは、経済学の歴史において、七つの主題はこの順に重視されてきた、と思っています。この点は、経済学史をたどったあとに、終章で論じます。

第1章　分配

1・1　アリストテレス

正しい分配は二つの条件をみたさなければならない

二人の人間が三個のアイスクリームを分けようとしている場面を考えましょう。ちなみに、アイスクリームのように、人々に求められるものやサービスを「財」、分けることを「分配」と呼びます。つまり、これは財の分配という場面です。もちろん、この財のなかには、権力や名誉や知識など、「財」という言葉からは想像しにくいものも含まれています。ついでに、人々の役に立つとか人々に満足を与えるとかいう財の属性を「価値」と呼びます。価値ある財を所有することから感じる主観的な満足を「効用」と呼びます。

分配する方法としては、折半するというものもあるし、二人が兄弟姉妹なら兄や姉が二個とるというものもあるし、抽選するというものもあるでしょう。では、一体どの方法を採ればよいのか。これは、採る「べきだ」という意味で「正しい」分配の問題ですが、正しい分配の条件とは何か。

すぐにわかるように、正しい分配は、なるべく多くの人から、何らかの意味で正しいと認められた基準に基づいていなければなりません。つまり、正しい分配には正当性が必要です。たとえば、折半や抽選は正当性を認められやすいと思いますが、それでも、これらの方法に反対する人がないとは限りません。ましていわんや兄や姉を優先するという基準に至っては、弟や妹から異議申立てが続出するに違いありません。

でも、それだけでは、経済的な現象として正しい分配を考えるのには不十分です。経済学を用いて、しかも経済学だけからみちびきだされた基準に基づいている必要があります。分配は、政治や社会の領域にある要因を無視し、経済の領域の内部にある論理だけに基づいていなければなりません。たとえば腕力といった、経済的でない要因に基づいていてはなりません。この性格を「経済学的」と呼ぶことにします。

こういうと「経済的でない要因が分配に介入するなんて考えにくい」という反論が来るかもしれません。アイスクリームを競りにかけるとか、アイスクリームに付いている値段を払える人が買うとかいったかたちで分配がおこなわれるはずだ、というわけです。たしかに競りや売買は経済的な論理に基づき、財の価値や効用に対応した価格でおこなわれます。とくに今日のような市場経済では。

でも、この意見は必ずしも正しくありません。そのことは、日常生活を考えればわかるはずです。たとえば、重病で長期通院や入院をする場合、日本には（とくに主治医が高名な場合）完治や退院の際に謝礼を渡す「付け届け」という習慣があります。医師は診療の報酬として医療費を得ていますから、付け届けは必要以上の財が医師に分配されることを意味します。これは、何の苦労もなく経済学的に説明できる現象だとは思えません。

正しい分配の問題とは、この二つの条件をみたす基準を探求することです。そして、いちはやくこの課題にとりくんだのは、ほかならぬアリストテレス（ギリシア、前三八四〜三二二）でした。

古代ギリシアは様々な矛盾が渦巻く世界だった

彼が正しい分配という問題にとりくんだ理由は何か。さらにいえば、古代ギリシア世界で、正しく分配するという営みが重要な問題とみなされた理由は何か。この問題を考えるには、当時のギリシア世界の状況を垣間見る必要があります。それはどんな世界だったのか。そこにはどんな矛盾があったのか。そしてそれは、正しい分配という問題と、どんな関係にあったのか（伊藤［b］、桜井［a］、仲手川［a］、橋場［a］）。

古代ギリシア世界といえば、「ポリス」と呼ばれる都市国家の叢生、奴隷による労働、労働から解放された市民による民主的な政治、といったイメージが湧きます。ただし、紀元前四世紀に入ると、アテネとスパルタという二大ポリスの対立と、ギリシア北方にあったマケドニアの勃興とによって、ギリシア世界はおおきく変化します。そして、様々な領域で矛盾が生まれてゆきます。

政治の領域では、一方に自由や参加、他方に正義や責任、この両者が矛盾する可能性が生じます。たとえば、アテネの住民は、政治に参加できる市民、参加できない在留外人、奴隷、という三つの身分に分かれていました。このうち政治に参加する資格を持つ市民がつねに自らの政治参加について責任を取り、あるいは正義にかなう政治を選択する、という保証は、どこにもありません。こんな不安定な状況では、権力をどう分配すれば政治がもっとも安定するか、という問題が生じざるをえません。そして、権力も一種の財（権力財）である以上、これは、財の正しい分配という問題の一部をなしています。

社会の領域では、民主主義と身分制度が矛盾する可能性が生じます。そもそも市民のなかでも、貴族と平民、古い家柄の持ち主と経済力を持つ成り上がり者、あるいは農業従事者と商工業者の間に、微妙な身分差がありました。さらに、その下には、参政権も土地所有権もない在留外人や、法的には単なる「もの」とみなされていた奴隷がいました。「身分制」とでも呼ぶべき、こんな社会で、民主主義を実践する場合には、様々な財をどう分配すればよいかという問題が生まれるのは当然の理です。

経済の領域では、商品経済と自給自足経済が矛盾する可能性が生じます。紀元前八世紀からはエーゲ海沿岸のみならず地中海沿岸にもポリスが広まってゆきますが、これは海上輸送を利用する商業が発展したおかげでした。あるいはまた、アテネは、国力を増強するため、国外から職人を招きました。

ところが、他方で、当時の人々はポリスや家族の単位で自給自足経済を営むことを理想としていました。自給自足経済と商品経済が現実の面でも思想の面でも混在する場合、財はどんな基準にもとづいて分配されるべきか。ここでもまた、正しい分配が問題になります。

どの領域をとっても、古代ギリシア世界に生きる人々にとって、財の正しい分配は重要な問題でした（仲手川［a］第七章）。そして、正しいか否かという問題が倫理の領域に属するからには、財の正しい分配という問題は倫理学のなかで扱われなければなりません。実際、アリストテレスは、この問題を論じた本を『ニコマコス倫理学』と名付けています。また、正しいとは「ジャストだ」ということですから、正しい分配は「ジャスト」の名詞型である「ジャスティス」、つまり正義の領域に含まれることになります。正しく分配することは、古代ギリシア世界の人々にとって、まさに正義にかかわる問題でした。

アリストテレスは、哲学のみならず、政治や社会や経済の問題も論じた

まず、アリストテレスの分配論を考える前提作業として、政治や社会や経済をめぐる彼の具体的な所説を概観します。

彼にとって、良き生活は「自足した生活」（アリストテレス［a］一〇〇頁）を意味します。だから、ポリスは自給自足を基本にしなければなりません。そのためには、市民は分業しなければなりません。具体的には、市民は農業従事者、手工業者、商人、日雇労働者、兵士、裁判官、財産家、あるいは公務

員といった職業につきます。もちろん、こんな職業の下には、在留外人や奴隷によって担われる職業があります。ただし、アリストテレスが彼らと市民との間の分業を論じることはありませんでした。

ところが、アリストテレスにとって、これら市民が担う職業は平等ではありません。彼によれば、商工業は卑しい職業です。農業は、政治に参加する時間はあまり残りませんが、土地は公共的な性格を持っているので、商工業よりは高く評価できます。でも、真の市民とは、兵士や財産家など、生活の心配をすることなく戦闘や政治に携われる人のことです。財産家や兵士、農業従事者、商工業者、この三つの職種の間には貴賤があります。財産家や兵士と、農業従事者や商工業者とは、しっかりと分離しておかなければなりません。

アリストテレスによれば、これら多様で貴賤のある職業を担う市民の間に、権力を含む財を適切に分配する方法には、様々なものがあります。たとえば、統治や支配にかかわる役職を分配する方法について、彼は、才能にもとづく分配、財産にもとづく分配、平等な分配、といった例を示し、分配の方法には様々なものがあると結論します。

ただし、財を不平等に分配した場合は、内乱や政争がおこる危険があります。では、どんな基準にもとづけば平等な分配が実現できるのか。アリストテレスは「四対二イコール二対一」といった比例関係を「価値相応の平等」と呼び、これを「絶対的正義」（アリストテレス［a］一八八頁）とみなします。経済的な財や名誉や権力は「何か」に比例して分配されなければならないというわけです。でも、「何かに比例して分配する」のはよいとしても、問題は「何に比例させるか」です。徳か、家柄か、財産か、それとも功績か。

アリストテレスは正義の問題として分配を考えた

アリストテレスは正義の問題として分配を考えます。それは、彼にとっての正義が、法律を守ることのみならず、財を適切に分配することを含んでいたからです。逆にいうと、財の分配は正しくなければならない、ということです。彼の分配論は、現実の分配のあり方を描写する「実証的」なものではなく、理想の分配のあり方を考察する「規範的」なものです。そして彼は、分配的（あるいは配分的）、是正的（あるいは矯正的）、そして応報的という、三つの正義の概念を用いて、財の正しい分配の方法を論じます。[1]

1　アリストテレスは当初「分配的正義と応報的正義とは対象とする財の性質が違う」（アリストテレス［a］一八七頁）と述べますが、具体的な例を論じる段になると、この点を重視しなくなります。三つの正義の間で、対象とする財の性質が違うことを過度に強調する必要はないように思います。

一つ目の分配的正義とは「共同体的なもろもろの事物の配分にかかわる」（アリストテレス［b］一八一頁）正義です。これは、財が交換されない自給自足の状態が終わり、はじめて財が分配されるときに用いられる基準です。それによれば、二者の間に二財を分配する場合は「ひとびとともののごとことにおいて同一の均等性が存する」ことが必要です。つまり、二人の人間と二つの財という四つの項の間の比が同一でなければなりません。

これは、人々が各々の人格的な価値に応じて財の分配を受ける状態です。ここでいう人間の人格的な価値は「偉さ」といいかえられます。二人の個人（A氏、B氏）の間に小麦を分配する場合を考えると、分配的正義に則れば、A氏がB氏の二倍偉いとすれば、A氏にはB氏の二倍の量の小麦が分配されなければなりません。アリストテレスの念頭には「個人と個人は人格的に平等だ」という発想はありません。分配される財の価値は所有者の価値に比例するのです。財が分配される比率は、あらかじめ決定されています。

二つ目の是正的正義とは、貸借や売買といった、個人と個人の間の私的で直接的な取引で作用する正義です。貸借や売買は一種の契約なので、契約を公正に履行することが問題になります。そのためには、何らかの基準を用いて財の価値を比較し、取引（つまり交換）する際の比率を決定しなければなりません。

アリストテレスは、取引に携わる人々は身分の違いはあるが「均等」（アリストテレス［b］一八二頁）であり、取引者が均等である限り取引自体も均等でなければならない、と主張します。だから、取引される二つの財は同じ量の価値を持たなければなりません。是正的正義とは、等しい価値を持つ財同士の交換、つまり「等価交換」を意味します。ただし、財の価値を比較する際に用いるべき基準は、アリストテレスは明示していません。

三つ目の応報的正義とは、分配的正義と是正的正義をむすびつけたものです。彼によれば、売買や賃借が終わったあとの財の分配は「比例的な対応給付」（アリストテレス〔b〕一八六頁）でなければなりません。つまり、偉さが異なるためにもともと分配された財の所有量が異なる個人の間で、等価交換になるような取引がなされなければなりません。等価交換では同じ量の価値を持つ財と財が取引されるので、交換の前後で各々の個人が持つ財の価値の合計は変化しません。個人の偉さと財の価値の合計との比率は変わらないままです。

こんなアリストテレスの分配論には、いくつかの問題があります。まず、各々の個人の偉さという、経済的ではない基準がまざりこんでいます。また、財が持っている価値を比較したり測定したりする基準が明示されていません。この点で、経済的な分配論としては、彼の所説は完結していません。[2]

2　ここで、アリストテレスと古典派と新古典派について、分配論を簡単に比較しておきます。

まず、新古典派経済学では、ある財を欲しい人がどんな価格を付けても、それを見越して財の所有者がどんな値段を付けても、不正ではありません。それは「市場価格」と呼ばれ、主観的な効用が働いた結果だという論理で正当化されます。これに対して、アリストテレスは等価交換が必要だと主張しますが、価値を比較する基準を明示することはありません。それが市場価格だとは、必ずしもいえません。

次に、古典派経済学が考える価格決定のメカニズムは、のちに述べますが、財の生産に使われた労働量に応じて価値が決定されるというものです。とすると、等価交換を前提とすれば、財の交換比率は市場における取引以前に決定されることになりますから、この点はアリストテレスに似ています。ただし、古典派経済学が問題にするのは

「どれだけの労働が必要か」ということだけです。もちろん、個人の間の熟練や技能の違いは考慮しなければなりませんが、基本的には誰が労働しようが関係ありません。これに対して、アリストテレスは、最初の分配について、人格的な価値を問題にします。結局、人間の間には本質的な差があるのです。たしかに彼は個人を重視しますが、古代ギリシア世界の実態を反映してか、その個人は完全に均質な存在ではなく、偉さが違います。また、その後の財の交換については、財の価値を比較する基準を明示しません。

もちろん、「倫理学」や正義の問題として分配を捉えたことからもわかるように、アリストテレスに経済的な分配論を求めるのは酷なことかもしれません。また、正しく財を分配する方法をみつけることは、かなりの難問です。そのため、今日に至るまで、この問題は多くの経済学者の頭を悩ませることになります。

1・2　分配をめぐる考察の系譜

トマス・アキナスは、商工業の発達を見ながら、分配の問題を考えた

紀元後五世紀ころから、ヨーロッパは自給自足と商品交換が並存する時代を迎えます。中世です。ところが、一〇世紀から一二世紀にかけて、ヨーロッパは大きな転換点を迎えます。人口が増大し、農業が発達し、都市が成長し、貨幣を利用する商品経済が発達します。また、イベリア半島やシチリア島でイスラム世界との接触が激しくなり、十字軍が始まり、イタリアとビザンツ帝国などとの交易が活発になるなど、東方世界との接触が密接になります。こうして、イスラム世界やビザンツ帝国が蓄積していた古代ギリシア世界の知識がヨーロッパにもたらされます（近藤編［a］第二章）。

ヨーロッパが（再）発見した知識のうち、最大のものはアリストテレスの著作です。ただし、アリストテレスは（もちろん）キリスト教徒ではありません。ですから、彼の所説と、中世ヨーロッパの知識を支配するキリスト教の教義とを整合的に理解しなければならなくなりました（ハスキンズ［a］）。多くの神学者がこの問題にとりくみますが、そのなかに、アリストテレスが検討した分配論も含めて神学を再構築しようとする神学者がいました。トマス・アキナス（以後アキナス、イタリア、一二二五ころ〜一二七四）です。

アキナスは、基本的にアリストテレスに則って論を進めます（アキナス［a］第五八問題、第六一問題、第七七問題）。ただし、正義を三種類に分類したアリストテレスと違って、彼は二つの種類の正義しか言及しません。アリストテレスからうけついだ配分的正義と、アリストテレスの是正的正義に相当する交換的正義はあるのですが、アリストテレスの応報的正義に相当する正義が存在しないのです。

アキナスにとって、配分的正義とは、各々の個人が「共同体においてより大きな主要性をもつのに応じて、共同的な財からより多くのものがその人物に与えられること」（アキナス［a］一〇〇頁）を意味します。「主要性の基準」については、アキナスは徳や富や自由など様々なものを挙げ、多様な基準が存在することを認めます。こんな配分的正義の定義は、アリストテレスのものとほぼ同じです。

では、アキナスの交換的正義はアリストテレスの是正的正義と同じものか。アリストテレスは等価交換のみを認めましたが、アキナスによれば、互いに価値が異なる財が取引されたり、価値と異なる価格で取引がなされたりすることは、価値と価格の差が甚だしいものでない限り、不正ではありません。たしかに、取引によって当事者の双方が利益を得る場合は、等価交換が望ましいでしょう。でも、手元に残しておきたい財を売らなければならないような場合は、価値以上の価格で販売することは正当な行為とみなせます。そもそも、財の価値を正確に測定することは困難だし。あきらかに、アキナスは（等価交換とともに）不等価交換を認めています。

価格から価値を引くと利益が残りますが、アキナスによれば、節度ある利益、自らの労働の対価、価格変動のリスク、あるいは輸送の費用などは、卑しいものではありません（アキナス［a］三八三〜三八四頁）。彼が考える適正な価格は「入手に要した費用（価値）＋節度ある利益＋輸送など自らの労働費用＋価格変動のリスク」と表せます。

ここから推測できるように、商工業を全ての職業の下に置いたアリストテレスと違って、アキナスは、商業が取引から得る利益が先の範囲内にあるかぎり、商業は正当な営みだと考えます。もちろん、彼にとっても、生活必需品の供給は商業ではなく政治の領域に属する問題です。利益を得るために主食の価格をつりあげ、人々を飢えさせるような行いは認められません。商人がそんな行動に出たときは、政治家は、人々が飢えなくてもすむように介入する義務を持ちます。ただし、それ以外の取引は商人に委ねてかまいません。というよりも、利益を追求するような取引は、本来的に商人の仕事に属するのです。

こうして、アキナスは不等価交換を認め、アリストテレスが結びつけた財の分配と個人の偉さとを切断してしまいます。商業が発達して不等価交換が進むと、「各々の個人が所有する財の価値の合計」と「その個人の偉さ」との比率は変化してゆきます。個人の偉さが財の分配に与える影響は減ってゆきます。

アキナスの分配論では、まず、各々の個人の偉さに比例して財が分配されます。でも、ただちに等価交換のみならず不等価交換が始まり、財と偉さの比例関係は崩れてゆきます。財の分配の状態は「入手に要した費用（価値）＋節度ある利益＋輸送など自らの労働費用＋価格変動のリスク」という不等価交換の価格の公式にもとづいて変化するからです。

不等価交換は、アキナスによれば、経済の領域の内部に存在する論理に基づいています。ですから、これは、正しい財の分配のあり方を経済学的に説明できる可能性が増したことを意味します。もちろん、財の価値とは何か、「節度ある」とはどういう意味か、自らの労働費用をどう測定するか、といった具体的な点については、アキナスに答えはありません。とはいえ、彼の営みのおかげで、正しい分配という問題を経済学的に論じる可能性が増したことはたしかです。

リカードは地代の決定メカニズムを考察した

アキナスから時代を下ること五世紀、今日でも経済学の父と呼ばれているスミスが登場します。彼に始まり、一九世紀のイギリスで発達した学派が古典派です。

しばしば、一九世紀のイギリスでは、産業革命が完了し、経営資金を持って利潤を得る資本家、土地を持って地代を得る地主、そして何も持たず賃金を得る労働者からなる「三階級社会」が成立した、といわれます。工業部門では資本家が労働者を雇い、農業部門では資本家が地主から土地を借りて労働者を雇う、というわけです。そして、古典派経済学は、三つの階級に対する財の「分配を定める諸法則を決定するのが、経済学上の主要問題」(リカード［a］七頁)だと考え、分析を進めました。

ただし、最近の歴史研究によると、当時のイギリスは三階級社会ではなく、実際には、資本家と労働者の間に(職人をはじめとする)「中間層」がひろく残存する社会でした。ですから、古典派経済学の分配論は、実態を反映しているというよりは、「実際の社会を抽象化するとこうなる」とか「産業革命後の社会はこうなるはずだ」とかいう仮説に立脚していた、というべきでしょう。

ここでは、地主と資本家や労働者との間の分配の問題を論じたリカード(イギリス、一七七二〜一八二三)の所説と、資本家と労働者の間の分配の問題を論じたマルクスの所説を見ます。

一九世紀初頭のイギリスでは、穀物を外国から輸入するべきか否かをめぐる論争が起こります。リカードは、この論争に関わるうちに、財のうち地主に分配される部分である地代の割合はどれくらいが適切かという問題に関心を持ちました。

彼は地代を「土地の生産物の中、土壌本来の不滅の力の使用に対し地主に支払われる部分」(リカード［a］五三頁)と定義します。ただし、人々が生存するのに必要な量の食料を生産するのに足りる(か、それ以上の）土地が存在する場合は、食料を生産したい資本家は、自ら未開地を探して開墾すれば、地代を払う必要はありません。人口が増加するといった理由で土地が足りなくなったとき、はじめて地代が生じます。

資本家は地主から土地を借り、労働者を雇って生産活動を営みます。その場合、常識的に考えると、もっとも地味が良い土地（優等地）を借りようとするはずです。でも、人口が増加して食料に対する需要が増えると、優等地だけでは足りなくなり、地味が劣る土地（劣等地）も借りなければならなくなります。優等地と劣等地では地味に差があるので、同じ人数の労働者を雇っても収穫量に差がつきます。劣等地の生産性は低いので、劣等地で生産された食料の価格は、優等地で生産された食料の価格と比較すると、高くなります。劣等地で生産された食料の価格が市場での価格になりますから、優等地は、劣等地と比較すると、収穫量の差の分だけ高い利益を生みます。この差額は、利潤として資本家の手中に残るのではなく、優等地を持つ地主に地代として払われます。地代を生むのは地味の差です。

では、地代そのものについては、リカードはどう評価したのか。一部の経済学者は、地代は食料の価格を上げ、労働者の賃金を上げ、資本家の利潤を減らすと主張し、地代を批判していました。でも、リカードはこの立場に賛同せず、穀物の価格が高いから地代が払われると主張します。また、地代が上がれば農業のイノベーション（技術革新）が促進されると考えます。

ただし、彼は、地代が下がれば資本家の利潤は増える、増えた利潤が投資されれば生産される財は増える、財の生産が活発化すれば社会の全体的な状態は改善される、と考えていました（リカード［a］四三六〜四三七頁）。また、食料の価格をめぐって資本家や労働者の利害と地主の利害とは対立するとか、食料の輸入を自由化するべきだ、とも主張していました。地代に対するリカードの評価は、肯定と否定の狭間をゆれうごきます。

彼が提示した地代の決定メカニズム、つまり地主に対する財の分配の基準は、経済学的なものでした。ただし、彼はこの基準の是非は明言しなかった、といえるでしょう。

マルクスは資本家と労働者の間の分配の基準を論じた

地主以外の二つの階級、つまり資本家と労働者の間では、どんな分配がなされるべきか。この問題を考えたのがマルクスです。一九世紀前半のドイツで青春時代を送った彼が見たのは、激しく長時間にわたる労働に携わる労働者や、学校にも行けずに働く子供たちの姿でした。こんな事態をひきおこしている原因は、一体何か。彼は労働者と資本家が雇用契約にもとづいてとりむすぶ関係（資本賃労働関係）に注目し、そこに労働者の貧困の秘密があると考えました。

マルクスによれば、そもそも雇用契約は対等でありません。たしかに、契約の文言上は、資本家と労働者は対等です。ただし、いったん労働者を雇ってしまえば、資本家は好きなように彼（女）たちを働せることができます。雇用契約とは、労働者が持つ労働力という商品を資本家が買う契約であり、契約が成立した以上は、買い手は購入した商品の利用法を自由に決められます。こうして、労働者に対する資本家の「指揮はまた形態から見れば専制的である」(マルクス［a］第二巻一八三頁)という事態、つまり資本家は一種の専制的な指揮権を持ち、それにもとづいて労働者を従わせる、という事態が生じます。雇用契約を結ぶ前は対等だった資本家と労働者は、両者の対等をうたう雇用契約を結ぶと、対等でない関係に陥ってしまうわけです。

では、雇用契約をめぐる交渉を考えてみます(マルクス［a］第二三章)。一方が労働条件を提示した場合、それ以下の条件で契約を結んでもよい人が他にいれば、その当事者の交渉力は低下します。たとえば、失業者は失業を続けるよりはどんな条件でも働くほうを選ぶので、失業者がいれば労働者の交渉力は制約されます。ところが、資本家はつねに機械化などのイノベーションをおこなって生産性を上げ、労働力を節約しようとします。そうすれば賃金費用を削減できますから、これは当然の行動です。労働を節約するような技術は失業者を生み、労働者の交渉力を制約し、賃金をはじめとする労働条件を低い水準に留めます。この失業者を「相対的過剰人口」と呼びますが、彼(女)たちが存在すると、労働市場での契約交渉の当事者は対等でなくなります。しかも、資本家は、費用を削減するという当然の動機にもとづいて行動し、相対的過剰人口をうみだすのです。

さらに、こうして取引される労働力は、商品としては特殊な性格を持っています(マルクス［a］第四章、第五章)。マルクスによれば、労働市場でも等価交換の原理が働きます。労働力の価値は、働く能力を再生産するために必要な生活手段の価値です。その対価として賃金が払われ、等価交換が実現します。ただし、雇用契約によって購入された労働力は、賃金以上の価値を生むはずです。そうでなければ、資本家は生産活動にのりださないでしょう。うみだされた価値と賃金の差額を「剰余価値」と呼びますが、それはすべて資本家のものになります。労働市場では、原理的には等価交換ですが、剰余価値の存在を考慮に入れると、不等価交換といえばいえなくもないような取引がなされているのです。

とすると、労働者の貧困を解消するためには、資本家をなくすしかありません。そのためには、財を生産するために用いられる財（資本財、生産手段）を労働者が獲得することが必要です。人々が資本財を共有あるいは公有する経済システムが社会主義（または共産主義）です。そして、それを実現するためには革命が必要です。

マルクスによれば、雇用契約などのメカニズムによって、労働者には必要最低限の生活手段に相当する価値だけが分配されます。それ以外の価値は、資本家に分配されます。こんな彼の分配論は、経済学的な基準に基づいています。もっともマルクス自身は、この分配の基準が正しい（つまり、正義に適う）とは思わず、あるべき正しい配分の原理を経済学的に説明しようとします。でも、彼はそれに成功しませんでした。だから、彼の分配論には政治的な現象である革命が必要だったのです。

リカードもマルクスも経済学的な分配論を提示しました。ただし、二人とも、正義に適っている（つまり自らの価値観に即して好ましい）という意味で正しい分配論を構築することはできませんでした。経済学と正義にもとづく分配論を提示するという任務は、限界革命を経て二〇世紀初頭に成立する、いわゆる厚生経済学に託されます。

旧厚生経済学は、はじめて二つの条件をクリアした

一八七〇年代、経済学はおおきく変化しました。この変化（限界革命）と、それによって成立した学派（新古典派）の詳しい内容は後述しますが、この新古典派経済学の枠組を用いて正しい財の分配のあり方を論じる分野を「厚生経済学」と呼びます。

厚生経済学を構想したのはピグー（イギリス、一八七七〜一九五九）です。まず、彼が用いたツールを簡単に説明します。*A*氏が*Q*という財を持っているとします。*Q*財の量が増えれば、*A*氏が自分の*Q*財全体から得る主観的な満足、つまり効用は増えます。ただし、*Q*財の量が増えれば増えるほど、*A*氏は*Q*財が増えることに慣れてしまい、最後に増えた*Q*財から得る効用はだんだん減ってゆきます。最後に増えたり減ったりした*Q*財、つまり最後に変化した量から得られる効用を「限界効用」と呼びます。だんだん減ってゆくことを「逓減」と呼びます。*Q*財が増えれば増えるほど、効用の合計は増えますが、限界効用は逓減するわけです。これを「限界効用逓減の法則」と呼びます。直交座標を使って考えると、図1−1にあるように、横軸に財の量、縦軸に効用の大きさの合計をとると、財から得られる効用の大きさの合計を表す曲線は右上がりですが、上がり方はだんだん緩やかになります。ピグーがツールとして用いたのは、この法則です。

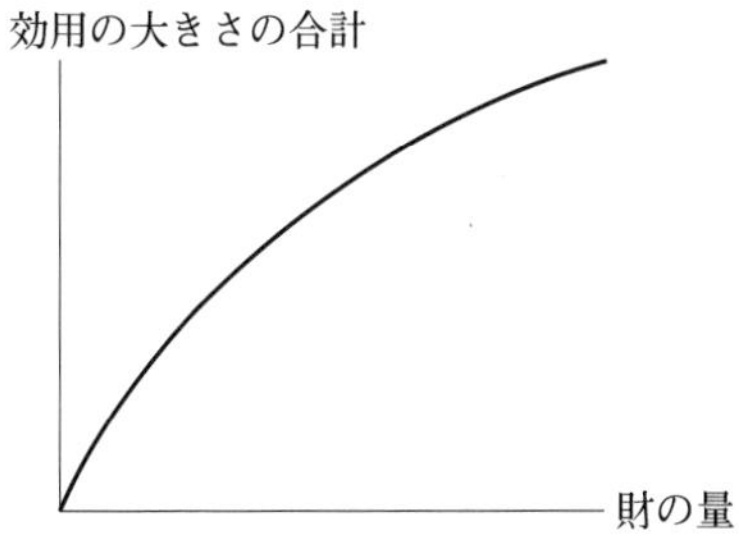

図1−1　限界効用逓減の法則

次に、ピグーが用いた用語を紹介します。彼は、人々が得る効用を「厚生」と呼びかえます。このうち価格で表すことができ、おもに財を所有することから得られる効用を「経済的厚生」と呼びます。財を持つことから得られる厚生は、「これを買うためなら某円出してもよい」というように、大抵は価格で表せます。また、一定の期間に生産された財を「国民分配分」と呼びます。ピグーは、これらの用語を用いて二つの仮説を証明し、それにもとづいて正しい分配の基準を求めます。[3]

3　当初ピグーは、このほかに「貧困層に対する国民分配分の分配率の時間的な変動が小さいほど、社会全体の経済的厚生は大きい」という第三の仮説を設けていましたが、のちにこの仮説を放棄しました。

一つ目は、国民分配分が多いほど、社会全体の経済的厚生は大きい、という仮説です（ピグー［a］第五章、第七章）。ピグーはその根拠を「一般に財の量が多いほど、そこから得られる効用も大きい」ということに求めます。

二つ目は、国民分配分のうち貧困層に分配される部分の割合が大きいほど、社会全体の経済的厚生は大きい、という仮説です。「比較的富裕な人々から、同じような性格の比較的貧乏な人々に所得のなんらかの移転が行われるならば、比較的緊切でない欲望を犠牲にして、一層緊切な欲望をみたすことが可能となるわけであるから、明かに満足の総和は増大する」（ピグー［a］一一一頁）はずだ、というわけです。経済的厚生は価格で表せますから、これは「富裕層から貧困層に所得を移転しよう」と主張するようなものです。たしかに、一億円の所得を持つ富裕層から、一〇万円の所得しか持たない貧困層に対して、一万円の所得を移転する場合を考えると、富裕層が失う一万円から生じる効用と、貧困層が得る一万円から生じる効用を比べると、限界効用は財の量が増えるにつれてだんだん減るので、後者のほうが大きくなっています。この所得移転による社会全体の経済的厚生の増減を考えると、富裕層が失う効用よりも貧困層が得る効用のほうが大きいので、経済的厚生は増えます。

ピグーの仮説は、二つとも、限界効用逓減の法則から経済学的にみちびきだされ、経済的厚生の増加という結果をもたらすことによって正当化されている、という点で、財の正しい分配の条件をみたしています。

では、望ましい分配が実現されるのはどんなときか。富裕層から貧困層に所得を移転すると、経済的厚生は増えます。でも、移転をくりかえしていると、ある時点で貧困層と富裕層の所得は同一になります。それでも（元）富裕層から（元）貧困層に所得を移転しつづけると、それまでとは逆の方向に限界効用逓減の法則が働き、移転によって失われる（元）富裕層の効用のほうが（元）貧困層が得る効用を上回ってしまいます。だから、両者の所得が等しくなるとき、社会全体の経済的厚生は最大になります。これが望ましい状態です。所得の移転はここで終わらなければなりません。

ピグーの所説には前提があった

ピグーが用いた二つの仮説のうち、第一の仮説については、反対する人は少ないはずです。これに対して、全員の所得を等しくしようという第二の仮説に対しては、どこか納得できない気もします。たとえば、効用というのは個人が感じる満足みたいなものなのに、本当に合計したり個人と個人の間で大小を比較したりできるのか、という疑問が湧きます。

ただし、ピグーの分配論の論理的な筋道に間違いをみつけることは、なかなか困難です。彼の仮説には二つの前提が隠されていて、その前提を認める限り仮説も認めざるをえないようになっているからです。

まず、財から得られる効用の大きさは測定できるし、数字でも表せる、という前提です。先の例でいえば、富裕層が最初に失う一万円が与える効用はX単位、貧困層が最初に得る一万円が与える効用はY単位、と数字で大きさをはっきり表現できるからこそ、富裕層と貧困層の効用を合計して経済的厚生を計算するという作業が可能になるのです。効用の大きさは測定できるという彼の立場を「基数的効用論」と呼びます。

次に、人々の効用関数は同一とみなせる、という前提です。効用関数とは、財の量と効用の量の関係について「これだけの量の財は、これだけの効用を与える」ことを表したものです。富裕層が失う一万円から生じる効用と、貧困層が得る一万円から生じる効用を比較し、後者のほうが大きいというためには、二人の効用関数が同じ形でなければなりません。二人の効用関数が違う形をしていれば、財の移転によって富裕層が失う効用が、貧困層が得る効用を上回ってしまうかもしれないからです。ピグー自身もそのことを認識していて、「社会の成員の性質が類似している」（ピグー［a］一二〇頁）こと、つまり効用関数が共通していることを強調しています。

でも、この二つの前提はあくまでも前提であり、証明されたものではありません。やがて両者は批判され、放棄されます。両者にもとづくピグーの厚生経済学は「旧」厚生経済学と、批判者たちの理論は「新」厚生経済学と、各々呼ばれることになります。

新厚生経済学には功罪があった

ピグーの分配論を全面的に批判したのはロビンズ（イギリス、一八九八〜一九八四）です。彼によれば、ピグーが述べる「命題は、科学的経済学のいかなる学説によっても実際全く是認せられないもの」（ロビンズ［a］二〇五頁）です。

ロビンズによれば、二種類の財AとBを考えると、たしかに、ある人がA財から得る効用とB財から得る効用の大小は比較できますが、そのことと効用の大きさが測定できることとは別です。ましてや「異なった人々の満足を比較する方法は全然ない」（ロビンズ［a］二一〇頁）はずです。また、たしかに「経済主体の間に、同じような境遇において相等しい所得から満足を経験する能力は相等しい、という仮定をすることに意見が一致している」かもしれませんが、でも「この仮定が、確かめられる事実に基づいているということを証明する方法は全然ない」（ロビンズ［a］二一〇〜二一一頁）はずです。

こうしてロビンズは、効用の大きさは数字で表せること、効用関数は共通していること、という、ピグーが立脚した二つの前提を否定します。その背景には「価値判断の序数的性格を認識することは根本的に重要である」（ロビンズ［a］八六頁）という彼の判断があります。効用の大小は比較できますが、具体的な大きさは確定できません。こんな性格を「序数的」と呼びますが、効用が序数的なものであれば、A財の効用はB財の効用の二倍だ、A財がC氏に与える効用はD氏に与える効用の三倍だ、といった測定はできません。効用を合計することや、効用関数の共通性の如何を論じることには、まったく意味がありません。

たしかに、常識的に考えると、効用は基数的というよりは序数的なものだという印象を受けます。こうして、基数的効用論にもとづいたピグーの分配論は旧型の烙印を押されました。[4] では、正しい財の分配という問題を考える必要はなくなったのか、といえば、そうではありません。ここから、序数的効用論にもとづいて分配論を再構築しようとする営みが始まります。この営みを「新厚生経済学」と呼びますが、その例を二つ挙げておきます。

4　ピグーは、財の効用は価格によってほぼ測定できるし、人々の性質はほとんど同じだから効用は個人間で比較できると反論しましたが（ピグー［a］付録一一）、科学としての経済学に厳密さを求める経済学者たちから支持を得ることはできませんでした。

一つ目は、カルドア（ハンガリー、一九〇八〜一九八六）が提唱した補償原理（カルドア［a］）です。個人の間で効用は比較できないと考えると、どんな経済政策も不可能にみえます。大抵の経済政策は得をする人と損をする人とをうみますが、効用を比較できなければ損得は計算できそうもないし。そうすると、その政策が社会全体の利益になるか否かを確定することはできそうもないし。でも、カルドアは、個人の間で効用を比較しなくても社会全体にとっての経済政策の損得を測定できる方法を考案しようと試みます。いま、ある政策から、A氏は利益を得、B氏は損失を被ったとします。この場合、A氏の利益の一部を臨時に徴収してB氏の損失を補償し、その結果、両者が所有する財がともに政策の実施以前よりも減っていないとすれば、この政策は社会全体にも個人の各々にも利益を与えたと判断できます。この課税と補償のくみあわせは正しい分配のあり方だといえます。これが補償原理です。

ただし、補償原理にはいくつかの問題があります。いったん手中にした利益を手放すことについてコンセンサスが容易に得られるとは思えないし、社会全体の財を増やす政策が採られたときにしか適用できません。そのことは認めたうえで、でも「誰も損をしないこと」を正しさの基準にするという発想は、序数的効用論を採用する経済学者たちに支持されてゆきます。

二つ目は、バーグソン（合衆国、一九一四〜）やサミュエルソン（合衆国、一九一五〜）が提唱した社会的厚生関数です。たしかに個人の効用を合計しても経済的厚生は計算できないかもしれませんが、各々の個人の効用が増えれば経済的厚生も増えるでしょう。逆もまたしかり。とすると、経済的厚生は各々の個人の効用の関数としてかきあわせます。この関数を「社会的厚生関数」と呼びます。[5]

5　記号で書くと、社会全体の経済的厚生をW、各々の個人の効用を小文字のアルファベット（一人目の効用をa、二人目の効用をb、など）とすると、経済的厚生は$W=F$（a，b，c……）という関数になります。これが社会的厚生関数です。

ただし、社会的厚生関数は、それだけでは最適な分配を確定できません。A氏とB氏の二人からなる社会で、A氏の効用が増えてB氏の効用が減った場合、社会的厚生関数だけを使って経済的厚生の増減を計算することはできません。それを計算するためには、経済学にもとづかない何らかの価値判断を導入する必要があります（バーグソン［a］三二一〜三二三頁、サミュエルソン［a］二二九頁、二五二〜二五三頁、サミュエルソン［c］八二頁）。社会的厚生関数は、あらかじめ与えられた価値判断を前提とし、そのうえで最適な分配のあり方を探求するためのツールです。

経済学者が効用の性格を厳密に考え、それが序数的な性格を持っていることを強調したのは、経済学の科学性を高めるためでした。ただし、そのせいで、新厚生経済学の分配論は、補償原理のように適用範囲が狭くなるか、あるいは社会的厚生関数のように経済学の外部に助けを求めなければならなくなってしまいました。

社会的選択理論は、新厚生経済学に根本的な問題を突きつけた

それでも厚生経済学者たちはロビンズの提言をどうにかこうにか受容し、序数的効用論にもとづきながら、正しい財の分配の基準を求めはじめます。ところが、第二次世界大戦後になって、そんな試みは無意味だといわんばかりの定理が証明され、彼（女）たちを動転させます。アロー（合衆国、一九二一〜）は「一般不可能性定理」を証明し、のちに「社会的選択理論」と呼ばれる分野の礎を築くことになりました。

厚生経済学は、人々の間に財を分配する際の基準を問題にします。そして、選択される基準は、なるべく多くの人に正しいと認められ、合意されなければなりません。では、人々はどんなルールにもとづいて合意するのか、合意のルールとしてはどんなものがありうるのか、社会的選択理論はこんな問題を扱います。

一般不可能性定理の内容を簡単に紹介します（アロー［a］四〇〜五〇頁）。いま、採用するべき基準について、複数の選択肢があるとします。合意にもとづいて選択肢に順番を付ける際のルールがみたす条件として、とりあえず次の四つを考えます。どんな順番も社会的な合意を得る可能性があること。いかなる個人にとっても望ましい順番は、社会の全体にとっても望ましい順番であること。二つの選択肢の間で順番を決める際には、他の選択肢は考えなくてよいこと。自分の好みがつねに社会の好みに一致するような個人（独裁者）は存在しないこと。これらはすべて常識的なものにみえますが、アローによれば、この四つを同時にみたすことはできません。これが一般不可能性定理です。[6]

6　一般不可能性定理についてのアローの説明（アロー［a］八一〜九五頁）は複雑です。その簡潔な説明（鈴村他［a］四三〜四七頁）をさらに簡単に説明すると、ほぼ次のようになると思います。

ある社会で、一群の選択肢があり、それらについて様々な好みの順番を持った人が集まり、社会全体に適用される順番を決めることになったとします。その際、本文で述べた四つの条件のうち、第一から第三までの条件が当てはまるとします。

この社会で、XとYという二つの選択肢の間の順番を決めるとします。なお、人々はすべてYよりもXを好んでいると仮定します。したがって、第二の条件から、YよりはXのほうが社会として望ましいことが全員一致で合意されたことになります。

次に、ここにZという選択肢を導入します。このとき、社会は、「XのほうがYより望ましいという点では全員一致しているが、YとZのどちらが望ましいかという点では意見が割れている」人々の集団Aと、「Xの方がYより望ましいという点では全員一致しているが、XとZのどちらが望ましいかという点では意見が割れている」人々の集団Bにわかれる、と仮定します。つまり、集団Aに属する人々は（望ましい順に書いた）順番「X、Y、Z」か「X、Z、Y」を選び、集団Bに属する人々は「X、Z、Y」か「Z、X、Y」を選ぶわけです。

さて、第一の条件を考えると、「X、Z」と「Z、Y」のうち、どちらかは必ずなりたちます。このとき、少なくともどちらかの集団の人々は、前者の場合をみたすのは集団Aの人々であり、後者の場合をみたすのは集団Bの人々です。このとき、少なくともどちらかの集団は、Zを含めた順番について全員一致でき、他方の集団がどんな順番を選ぼうとも、それを無視して社会全体の順番を決定できます。たとえば、集団Aは全員一致で「X、Z」を好みますが、集団Bはどちらを好むかで意見が割れていますから、集団Aの意見が通ります。逆に、集団Bは全員一致で「Z、Y」を好みますが、集団Aはどちらを好むかで意見が割れていますから、集団Bの意見が通ります。

さらに、集団Aが社会全体にとって望ましい順番を決められるとすると、先と同じ手順で、集団Aを集団Cと集団Dの二つにわけることができます。そして、両者のうちどちらかは、その社会全体にとって望ましい順番を決められるはずです。この手順をくりかえしてゆくと、いずれ集団のメンバーは一人になります。そうすると、そのメンバーは、自分にとって望ましい順番と社会全体にとって望ましい順番とがつねに一致するような存在、つまり独裁者になります。これは第四の条件に反します。というわけで、第一から第四までの条件をすべて同時にみたすことはできません。

この定理は、常識的な基準にもとづいて合意を形成する可能性を否定しています。そのため、財の分配に関心を寄せる経済学者たちからは不審の目で見られました。たとえばサミュエルソンは「アローが経済学における伝統的なバーグソン流の厚生関数の不可能性を証明したとは……信じない」(サミュエルソン［c］一四四頁)と判断します。たしかに、正しいと合意された財の分配の基準がこの四つの条件をみたす必要は必ずしもありませんから、この定理が正しい財の分配の存在そのものを否定したわけではありません。ただし、一般不可能性定理は、正しい財の分配の基準を探すという営みは想像以上に複雑だということを明らかにし、新しい基準を探す旅へと人々をいざないました。

ここで興味深いのは、この旅にいざなわれたのが経済学者だけではなかったことです。とくに一九六〇年代以降、多くの政治哲学者がこの旅に参加してゆきます。

政治哲学者までが議論に参加した

一般不可能性定理を受けて、正しい財の分配の基準に想いをめぐらせた代表的な政治哲学者としては、ロールズ(合衆国、一九二一〜二〇〇二)とノージック(合衆国、一九三八〜二〇〇二)がいます。正しい財の分配という、一見経済的な問題に政治哲学者が関心を寄せたのは、政治が財の分配にかかわる営みであり、また政治哲学が政治をめぐる正しさを論じる学問領域だからです。財の分配をすべて市場での取引に委ね、そこに政治は一切関与しない場合は別だろう、といわれるかもしれませんが、その場合でさえ「市場に委ねることは正しいか否か」という問題が生じます。

まず、ノージックです。彼は、自由を何よりも尊重する思想である「リバタリアニズム」の哲学者として知られています。彼によれば、国家が果たすべき任務は、財産や人身の保護、契約の執行の監督、この二つだけです。これだけをおこなう国家を「最小国家」と呼びます。そしてノージックは、人格は不可侵であるという命題にもとづいて、最小国家の任務以外のことに手を出す国家（拡張国家）は不当だと主張します。個人には「特定の行為を強要されない」という不可侵の権利があります。「他の人々のために」といった口実で、その権利を犠牲にすることを国家が個人に強要するのは、正義に適わない、というわけです。

こんな所説からは「正しい財の分配は個人の自由に委ねるべきだ」という立場が生まれます。もちろん国家は財や取引者の安全を守り、また不正な契約が結ばれないよう監視しますが、それ以上の手出しや口出しはできません。財の分配について、国家が具体的な行動に出ることは認められません。国家は、安全で公正な市場を管理維持する役割を仰せつかった管理人なのです。

リバタリアニズムは、ほとんど全ての財の分配は個人と個人の間の自由な取引に委ねるべきであり、機会の平等といった、ひろく認められている目的のためであっても、財を持っている個人の意志に反した分配は認められない、と主張する分配論とみなせます。この点で、それは、市場での取引を重視する経済学と似ています。ただし、リバタリアニズムが依拠するのは、市場での取引に対する信頼ではなく、個人の自由がもっとも尊重されなければならないという価値判断です。

リバタリアニズムに対しては、ノージック自身が「多くの人々は、他者の必要と苦難に対してこれほど冷淡な立場を信奉したくないと考えて、この本の諸結論を即座に否定する」（ノージック［a］上巻・序）だろうと予想していたとおり、弱者や少数派に対する配慮に欠けるという批判が寄せられました。でも、しがらみに溢れた現代にあって個人の自由の重要性を強調することは大切だし、人格の不可侵性というノージックの思想の原点を否定することは困難です。リバタリアニズムは「この原点から考えると、どんな国家（と、財の分配）のあり方が可能になるか」という、一種の思考実験だといえます。

次に、ロールズです。彼は、正しい財の分配の基準という問題を、リバタリアニズムよりもさらにたちいって考察しました。その背景には「功利主義」に対する批判があります。「最大多数の最大幸福」というスローガンで知られる功利主義は、しばしば「社会全体の財の量が増えさえすれば、財の分配という問題は簡単に解決できる」と主張する思想としてうけとめられています。でも、正しい財の分配は、財の量の増加によって解決できるほど単純な問題ではありません。そもそも「最大多数の最大幸福」ですら、財の分配をめぐる一つの基準にすぎません。どの基準を選ぶべきかを考えることは、いまだに必要だし、可能でもある、とロールズは考えます。

そのうえで彼は自らの基準を提示し、それを「公正としての正義」と呼びます。公正としての正義は、二つの原理からなります。一つ目は、思想信条の自由といった基本的な自由は、権利として、万人に認められなければならない、という原理です。二つ目は、社会経済的な境遇については許容できる程度の不平等を認める、ただし、不平等をもたらす施策が認められるのは、もっとも下位にある人の境遇が改善されること（格差原理）、全ての地位が万人に平等に開かれていること、この二つの条件をみたした場合に限られる、という原理です。このうち第一の原理は第二の原理に優越します。こんな基準にもとづいて様々な財を分配すればよいとロールズは主張します。

でも、公正としての正義を正当化する論理は何か。ロールズは、正しい財の分配の基準を含む社会正義の諸原理から一つを選ぼうとするとき、人々は自他の地位や資産や能力や運といった属性を知らない、と仮定します。この「無知のヴェール」に包まれた「原初状態」（ロールズ［a］九頁）にあるとき、人々は互いに無関心で、自分の利益を最大にすることだけを考えるはずです。そうすると人々は、特定の属性を持った人が有利になるような基準を選ぶことには慎重になるはずです。自分の属性を知らない以上、もしも自分にその属性がなければ、自分の利益は最大にならないからです。

そう考えると、少なくとも重要な基本的自由については、人々は「平等な分配」という基準を選ぶはずです。これに対して、財や権威にかかわる社会経済的な条件については、人々は「一定の不平等はあってもよい」と考えるはずです。自分の属性がわからないからといって、財や権威もすべて平等に分配することを選ぶのは、たしかにちょっと極端です。もっとも、社会経済的な次元における分配の不平等は、あくまでも「許容できる」範囲のものだけです。ことは公正に関わる以上、分配のあり方には「万人に地位が開かれているという条件のもとに、最下位者を利すものでなければならない」という条件が付きます。

では、第一の原理が第二の原理に優越する理由は何か。この点についてのロールズの説明は必ずしも明快ではありませんが、おそらく「第一の原理は基本的な自由を対象にするから重要性が高い」という論理にもとづいています。

このように実践的で、それゆえ刺激的なロールズの分配論に対しては、様々な批判と疑問が寄せられました。彼の所説のうち、基本的自由の平等や地位の開放といった点については、さほど異論は出ませんでした。これに対して、格差原理は激しい論争の焦点になりました。格差原理に対する批判や疑問としては、次のようなものがあります。この原理は、最下位者の境遇を改善するようなものであれば、いかなる財の分配も認めることを意味するが、原初状態にあって自分の利益の最大化を目指す人々は、必ずこの原理を認めるか。最下位者の境遇をわずかでも改善しさえすれば、最下位者と最上位者の格差が拡大するような分配も認められるか。この原理は社会全体の厚生を高めるか。

ノージックの所説とは対照的に、ロールズの所説は強い具体性を持っています。ですから、分配にかかわる政策の立案と評価に（部分的にではあれ）利用することによって、彼の所説の妥当性を検証することも可能です。ノージックの分配論が一種の思考実験だとしたら、ロールズの所説は一種の政策科学です。

ノージックにせよロールズにせよ、彼らの分配論は、経済学的な枠組のなかでは完結していませんが、経済学的な発想を十分に意識しながらくみたてられています。今後は、経済学者も彼らの所説を無視して分配の問題を論じることはできないでしょう。これを分配論の非経済学化と呼ぶか、それとも学際化と呼ぶかは、難しいところです。

第2章　再生産と価値

2・1　スミス

経済システムは再生産されている

財は、資源から作られ、交換され、流通し、消費されます。この過程を「経済システム」と呼ぶとすると、経済学の課題は経済システムを分析することにあります。

では、財が消費されてしまえば経済システムは停止するか、といえば、そうではありません。消費された財は、あたらしく資源を生産します。たとえば、生産された石油は、石油化学産業の工場に運ばれて加工され、プラスチック製品の原料になります。生産された食品は、人々に食べられ、働くエネルギーになります。生産されたコンピュータは販売され、売上金は資本になります。経済システムは財の消費で一巡し、停止するわけではありません。財の消費は、資源になる財の生産につながります。経済システムは「財の生産、交換、流通、消費、生産、交換、流通、消費……」というように循環しています。この過程を「再生産」と呼びます。

経済システムが再生産される過程でどんなメカニズムが働くかを考え、さらに、そのメカニズムが政治や思想といった外部の要素に影響されずに、つまり自律的に機能していることを発見したとき、経済学は独自の学問領域になりました。このメカニズムを発見し、叙述したのは、一八世紀のフランスで活動した「重農主義」と呼ばれる学派の経済学者たちでしたが、それを体系的かつ理論的に説明した経済学者といえば、同じ時代にイギリスで活動したスミスです。

もう一つ、経済システムを考える際に重要なのは、そこでぼくらは複数の種類の財にむきあっているということです。複数の種類の財が存在する場合は、それらをスムーズに交換しなければなりません。財と財を交換する際には、交換の比率を決めなければなりません。この比率を「価格」と呼ぶとすると、価格はどう決まり、またどう決まればよいかを考えることは、経済学にとっては大きな課題です。スミスはこの問題にとりくみました。

再生産と価格決定という二つの問題に関心を抱き、考えぬいたことによって、スミスは経済学の父と呼ばれることになります。

一五世紀から一八世紀は「主権国家と貿易の時代」だった

スミスが生きていたのはどんな時代か。当時の情勢は、彼の関心や所説に影響を与えたのか。こんな疑問を念頭に、まず、再生産と価格決定にかかわる限りで、一八世紀に至る時代の状況を概観します（近藤編［a］第三章）。

ヨーロッパでは、一五世紀から一八世紀にかけて、スペインの成立、オランダの独立、フランスの統一、イングランドとスコットランドの合邦によるイギリス（大ブリテン）の成立、プロイセンの王国としての承認、といった事態が続きました。こうして誕生した国家は、内政外交の決定権を保持する主権者としてふるまいます。こんな国家を「主権国家」と呼びます。また、一五世紀に始まる大航海時代は、ヨーロッパ諸国に、アジア、インド、カリブ海地域を含む南北アメリカ大陸、といった新しい市場をもたらしました。その結果、新しい市場の支配権をめぐる主権国家同士の戦いが始まります。一六世紀にはスペインとイギリスが戦火を交え、一七世紀にはオランダとイギリスが戦争をくりかえし、そして一八世紀にはフランスとイギリスが長期間にわたって広大な地域で戦いました。

この主権国家と貿易の時代に対応しようとした経済政策を「重商主義」と呼びます。その代表的な論者としてはマン（イギリス、一五七一〜一六四一）が挙げられます。

このころイギリスでは、国策商社である東インド会社が設立され、アジア、とくにインドとの貿易を展開しはじめました。そのことを背景にして、一国の経済にとって貿易はどんな意味を持つのか、政府はどんな貿易（さらにはひろく経済）政策を採ればよいのか、といった問題をめぐって、様々な意見が出され、議論が交わされる、という状況が生まれます。マンは、自ら貿易に携わりつつ、この議論に加わります。

マンによれば、国家の財を増やす手段はただ一つ、貿易しかありません。輸出が輸入を上回れば、国内の財はこの貿易黒字の分だけ増えるし、逆なら減ります。それは、企業や家計において、収入が支出を上回れば黒字になり、逆なら赤字になるのと変わりません。「一王国の富も一個人の財産も同じこと」（マン［a］一八頁）なのです。彼は、こんな立場から、政府が貿易黒字を目指して経済活動に介入することを主張します。具体的には、国産品の利用の法的な奨励、輸出促進のためのマーケティング、国内消費の節約の奨励、課税による輸入の制限などです。

重商主義の特徴は、一国の財を増やす唯一の手段は貿易黒字だと考えることと、それを目指して政府は経済に介入しなければならないと説くことにあります。これは、「国家も企業も家計も支出より収入が多いほうが健全だ」という一般常識に訴えかける点で、強い説得力を持っています。また、重商主義者たちが生活していた主権国家と貿易の時代には、こんな発想は当たり前だったのかもしれません。というわけで、重商主義は一五世紀から一八世紀にかけて強大な影響力を誇ります。

ただし、この所説にはいくつかの疑問が残ります。たとえば、貿易黒字は大切かもしれないが、そのために政府が介入する必要はあるのか。貿易がない自給自足の状態では、財を増やす手段は何なのか。こんな疑念から、スミスは重商主義の理論的な批判を志し、新しい経済学を構想してゆきます（スミス［b］第二巻第四篇）。

一五世紀から一八世紀は「ものつくり経済（社会）の時代」でもあった

機械や工場制度が導入され、日常生活がおおきく変わる、という事態を「産業革命」と呼びます。産業革命が始まるのは、その祖国と呼ばれるイギリスでも、そしてどんなに早く見積もっても、一八世紀半ばのことです。また、諸々の機械が普及し、それを利用した工場制度が各地に成立し、広まるのは、一九世紀に入ってからのことです。だから、スミスが生活した一八世紀のイギリスは産業革命以前です。

産業革命以前の経済や社会は「小生産者」の世界でした。小生産者とは、自分の作業場を持つ職人や小さな土地を耕す自作農など、自分のために自分で働く人々のことです。彼（女）たちの対極にいるのは、他人のために働く労働者と、自分は働かない地主や資本家です。当時の経済で支配的だったのは具体的なものを作る活動であり、当時の社会は自らものをつくる人々からなっていました。そして、小生産者は（基本的には）自分に必要な分だけ自分で働き、自分に必要な分だけを交換し、自分のニーズに応えました。こんな活動が支配的な経済（社会）を「ものつくり経済（社会）」と呼ぶことにします。

さて、交換の目的は、交換に関与する人全員が必要なものを必要な量だけ得ることにあります。そして、交換する量を決めるには、何らかの基準が必要です。ものつくり社会に生活し、小生産者が財を交換したり売買したりするのを目にしていたスミスは、この基準には客観的な根拠があると考えました。交換される財と財の量の比率は価格によって決まりますが、彼は、財の価格は客観的に測定できると考えたわけです。では、価格は何に基づくのか。こうしてスミスは価格決定の問題を考えます。

スミスは経済システムが再生産されていることを証明した

スミスは、貿易を重視する重商主義に対して、国内産業も経済の成長に貢献できることを示そうとします。また、公的な介入を重視する重商主義に対して、経済活動を自由化すること（自由放任）を主張します。その際、彼は、人間や社会の特徴から議論を始め、交換や生産といった経済活動の基本的なメカニズムを説明し、それに照らして重商主義を批判し、そして経済の領域で政府がなすべきことを論じる、という手順をとりました。

まず、彼の人間観と社会観を、ホッブズ（イギリス、一五八八～一六七九）と比較しながら検討します。ホッブズは「社会契約論」の提唱者として知られる政治思想家です。彼によれば、人は生まれながらにほぼ平等であり、そのため、目的が同じ場合には互いに敵になります。この状態を「自然状態」と呼びますが、それはまさに弱肉強食の世界です。もちろん自然状態にある人々は「自分の生命を維持するために自分の力を自由に用いる権利」である自然権を持っていますが、自然権を用いても自分の生命や財産を守れる保証はありません。そこから「人は、平和と自己防衛のためにかれが必要だとおもうかぎり、他の人びともまたそうであるばあいには、すべてのものに対するこの権利をすすんですてるべき」だという「自然法」（ホッブズ［a］第一巻二一八頁）が生まれます。人々はこの法に従い、抵抗権と自己の身体の安全を維持する権利以外の全ての権利を特定の人（または人々）に委譲する契約を結ぶことになります。これが社会契約です。

ただし、社会契約が結ばれたからといって、人々がそれを守るとは限りません。「諸信約は、剣をともなわなければ……人の安全を保障する強さをまったくもたない」（ホッブズ［a］第二巻二八頁）のです。だから、権利を委譲された人（人々）である主権者は、無制限の権力を使って人々に社会契約を守らせます。社会契約は処罰の恐怖に裏打ちされています。

これに対して、スミスによれば、人間は利己心を持ち、自分の利益を最大にするように行動します。この人間観を経済の領域に投影すると、人間は自分の経済的な利益を最大にするように行動する生き物だ、ということになります。こんな人間を「経済人（ホモ・エコノミクス）」と呼びます。

ただし、同時に、人間には他人を哀れんだり同情したりする本性があります。もちろん、自分と他人は別人ですから、哀れみや同情は「他人の境遇を想像する」という営みに基づきます。「もしわれわれがかれの立場におかれたならば、われわれ自身の諸感動はどうであろうか」（スミス［a］六頁）と自問するわけです。スミスはこの力を「同感」と呼びます。人間は同感にもとづいて他人の行動を予測し、自分の行動を統御します。

そして、各々の個人が同感を働かせているうちに、正邪や道徳に関する一般的なルールが、一種の義務感として形成されはじめます。利己的な人間は、同感にもとづいて行動することによって、社会を形成し、維持することになります。

スミスの人間観や社会観のキーワードは同感と利己心です。人間があることをしないのは、それが善や正義に反するからではなく、自分もそれをしてほしくないからです。される人に（同情ではなく）同感し、自分がされたらいやだと感じ、いつか（復讐として）自分にされる可能性を考えると、利己心だけで判断しても、そんなことはしないはずです。人間は、自分の利益だけを考えていても、悪事をしないものなのです。こうして人々は心おきなく他人と交流でき、社会を形成できます。

スミスの人間観と社会観の画期性は、個人を強制しなくても社会ができると考えたことにあります。ホッブズによれば、個人の利害は対立しますから、社会を維持するには強制力が必要です。スミスも個人の利害の観点から人間を見ますが、個人の利害は対立しないと考えます。人間は自発的に社会を組織し、維持するはずであり、社会に強制力は必要ありません。ホッブズは理性によって情念を抑制することを主張するのに対して、スミスは情念の自己抑制機能を重視します。

それだけではありません。社会を形成し、維持するのに、個人が徳や利他心や恐怖を持つ必要はないと唱えたのも、スミスの所説の画期的なところです。そんな、当てにならない感情を導入するべきではありません。人間は自分の利益だけを考えていればよいのです。あとは、同感の働きによって、利己心はほどほどのところで納まり、嫌な思いをする者はなく、全体的な調和が実現されるはずです。

スミスは、社会は自律的なメカニズムを備えており、このメカニズムは同感と利己心という人間の本性にもとづいていると考えました。そして、同感や利己心が典型的に発揮される場といえば、それは経済の領域です。

文明が発達すると、人々は分業を始めます。特定の財だけを生産していると自給自足できませんから、作った財の取引が始まります。取引を規定するルールは利己心です。取引相手の利己心を刺激することによって、自分が欲しいものどうしを交換しあうわけです。

取引のメカニズムを説明するに際して、スミスは資本家と労働者と地主という三つの階級を想定します。だから、取引がおこなわれる市場としては、資本という財を取引する資本市場、労働という財を取引する労働市場、土地という財を取引する土地市場、そして各種の商品市場があります。ただし、どの市場でも取引のメカニズムは変わりません。財の供給が需要を上回れば、価格は低下し、供給は減り、需要は増えます。需要が供給を上回れば、価格は上がり、供給は増え、需要は減ります。こうして、財の価格と取引量は一点に収斂してゆきます。これを「市場メカニズム」（あるいは「価格メカニズム」）と呼びます。そして、市場メカニズムによって取引がたどりつく点は、価格と取引量について、社会全体で安定する点です。この点を「均衡点」と呼びます。スミスは、完全な自由さえ保証すれば、どんな取引も均衡点に達すると主張します。人々は、同感と利己心にもとづいて取引するうちに「見えざる手に導かれて、自分では意図してもいなかった一目的」である「社会の利益を増進する」（スミス［b］第二巻一二〇頁）ことに貢献します。

このメカニズムはどの市場でも働きますから、スミスによれば、経済システムは自律的に再生産されます。また、彼は完全な自由を強調して経済の領域に対する政府の公的な介入を批判し、経済の自律性をさらに強調します。この市場メカニズムに対する信頼は、基本的に、古典派から新古典派に至る経済学の主潮流にうけつがれてゆきます。

ただし、スミスも全ての公的な介入を否定したわけではありません。軍事や、司法や、道路をはじめとするインフラストラクチュアの整備を中心とする公共事業や、貧困層の教育は、彼も政府の役割だと考えていました。

スミスが再生産の自律的なメカニズムを解明し、その自律性は社会にとって重要だと主張したとき、学問領域としての経済学が成立します。同感と利己心さえあれば適切な取引がなされ、適切な取引がなされれば経済システムは調和的に再生産され、主権者や政府といった権力が介入する必要はほとんどなくなります。こうしてスミスは、主権者とか政府とかを重視するホッブズや重商主義者とは異なる経済のイメージを提示します。

価格決定論をめぐって、スミスは動揺した

こんなスミスの経済観にあって、中核をなしているのは財の取引です。労働にせよ資本にせよ土地貸借権にせよ商品にせよ、自分が持っている財を取引し、交換することによって、人々は社会に参加し、社会を形成します。そして、自由に放任しておけば、取引はすべて均衡に至るはずです。では、取引される財の価格はどう決まるのか。スミスは、財はすべて価値を持ち、取引は等価交換である、と考えました。たとえば、二単位の価値を持つA財と一単位の価値を持つB財を取引する場合、A財一つとB財二つが交換されることになります。とすると今度は財の価値の尺度が問題になります。

スミスによれば、財について、売り手にとっての価値は「それを獲得するための労苦と骨折り」で

あり、買い手にとっての価値は「それによってかれ自身がはぶくことのできる労苦と骨折り」（スミス［b］第一巻五二〜五三頁）です。ここでいう「労苦と骨折り」とは、労働にほかなりません。スミスによれば、財の価値の尺度は労働です。二財が取引される場合、具体的な取引の場では多少の調整や交渉があるかもしれませんが、取引される二財が含む労働の量は基本的に等しいはずです。この考え方を「労働価値説」と呼びます。

では、各々の財はどれくらいの量の労働を含むのか。まず、人々が働いて財を作り、かかった費用に適切な利益を加えた価格で売る、という事態を考えると、「財の価値はその生産に用いられた（投入された）労働の量によって決まる」といえそうです。この「財は、それを生産するために投下された量の労働を含んでいる」という考え方を「投下労働価値説」と呼びます。それによれば、投下労働量が価値を決め、価値が価格を決めます。

ただし、スミスによれば、投下労働価値説が成立するのは「資本の蓄積と土地の占有にさきだつ初期未開の社会状態」（スミス［b］第一巻八〇頁）に限られます。人々がこつこつ働く世界、つまりものつくり社会は、この状態に相当します。でも、資本が蓄積されて資本家が出現し、土地が占有されて地主が出現すると、財の価格には、職人が投下した労働の量だけではなく、資本家の取り分（利潤）や地主の取り分（地代）が含まれるようになります。財の価格は投下労働量に利潤と地代を足したものになり、「投下労働量＝価格」という投下労働価値説はなりたたなくなります。

こうなると、別の原理を考えなければなりません。そう思って見てみると、世の中には、大した苦労なしに作れるのに高価な財や、苦労して作ってもただ同然の財が、沢山あります。取引の現場では、買い手が「この財にはどれくらいの手間がかかっているか」よりも「自分はこの財をどれくらいほしいか」という基準にもとづいて価格を付ける光景がよくみられます。どうも投下労働価値説には問題がありそうです。

むしろ「この商品にはこれくらいの価格が付けられている、だからこれくらいの価値があるに違いない、だからこれくらいの量の労働が投下されているに違いない」と、財の価格から逆算して考える方が自然かもしれません。この「商品の価値は……その商品でかれが購買または支配できる他人の労働の量に等しい」（スミス［b］第一巻五二頁）という考え方を「支配労働価値説」と呼びます。財の価値は、それに付けられた価格で買える労働の量に比例しています。こういうと難しく聞こえるかもしれませんが、要するに、価格が価値を決めるということです。価格を決めるものといえば、まずは財の効用にもとづく買い手の欲望（需要）と売り手の欲望（供給）との関係です。需要と供給が一致する点で価格が決まり、したがって価値がわかる、ということになります。

ただし、これは「国民の年々の労働」に「その国民が年々消費する生活の必需品と便益品のすべてを本来的に供給する源」（スミス［b］第一巻一頁）を見出すスミスの基本的な立場と矛盾しています。あるいはまた、利潤を資本家の労働の産物と考え、地代を土壌の改良という地主の労働の産物と考えると、両者もまた投下労働価値説の枠内で処理できるかもしれません。というように、支配労働価値説にも様々な疑問が出てきます。

スミス自身は、二つの労働価値説の間で揺れました。彼に続く経済学者たちは、両者のうち、どちらを選ぶかを迫られることになります。ただし、彼が論理的に提示した自律的な経済のイメージは強い説得力を持ち、ひろく人々の考え方を規定しつづけてゆきます。やはりスミスは経済学の父と称されるにふさわしい存在です。

2・2 再生産をめぐる考察の系譜

ミルは停止状態が到来することを予言した

スミスの再生産論は、その後どう継受されてゆくのか。まず、古典派経済学を代表するミルを見てみましょう。彼は、経済学にもとづいて人間と経済の未来を予測しようとし、そのために、農業と工業に分けて生産性の問題を論じます（ミル［a］第四巻八八〜九〇頁）。そこから彼は、経済システムは必ず「停止状態」（ミル［a］第一巻二九五頁）に至るという、経済システムの自律的な再生産メカニズムを否定するかのような所説に至ります。

農業を見ると、分業の利益は少ないし、土地の面積が決まっている場合、耕す人の数が増えても、それに見合って収穫が増えるわけではありません。農民は地味の豊かな土地から利用しはじめますから、経営規模を拡大すると、地味が貧しい土地を耕さなければならなくなります。投下労働を増やしたり、経営規模を大きくしたりすると、たしかに収穫は増えますが、労働量や経営規模に見合うほどには増えないのです。イノベーションが起こる可能性はありますが、それを考慮に入れても、労働や土地の投入量を増やしてゆくと、増えた労働や土地が生む財はだんだん減ってゆきます。これを「収穫逓減の原理」（ミル［a］第一巻三二〇頁）と呼びます。この法則が働くことによって、農業はいつか成長を止めて停止状態に至ります。

工業については、ミルは収穫逓減という法則が働くことは認めるものの、その効果はイノベーションによって相殺されると考えます。ところが、イノベーションによって工業生産物の価格が下がると、生活条件が良くなり、人口が増えます。それによって食料に対する需要が増え、食料の価格が上がり、労働者の生活費も全体として上がり、賃金も上がる、という事態が起こります。他方では、食料に対する需要が増えると、土地に対する需要が増えるので、土地の需給関係は供給側（地主）に有利になり、地代が上がります。この二つの事態は、財の生産者である資本家からすると、労働者や地主に払う費用が増え、自分の利潤が減ることを意味します。利潤は投資の源泉なので、それが減れば工業は停滞し、衰退します。こうして、人口の増加を媒介にして、工業も停止状態に至ります。

ミルによれば、農業と工業が停止状態に至ることは避けられません。[1]ただし、停止状態で停止するのは成長であり、再生産メカニズムそのものは停止しません。ミルは、戦争、疾病、あるいは理性にもとづく産児制限によって、人口の増加はある程度抑制されるし、抑制できると考えます。停止状態にあっても、人々は農工両業に従事して財を生産し、流通させ、交換し、消費しつづけるはずです。古典派経済学は、停止状態の到来を予想したミルも含めて、再生産メカニズムの自律性を肯定していました。

1　ミルは停止状態を否定的あるいは悲観的に評価してはいません。彼によれば、文明化して停止状態に至った地域では、成長よりも分配が重視され、ようやく分配の問題を真剣に考えることが可能になります。停止状態でも、教養やモラルやライフ・スタイルは向上するに違いありません。

なぜ経済システムは再生産されるのか

経済システムが再生産されていることを明らかにした重農主義者にとっても、再生産のメカニズムを説明したスミスにとっても、その所説をうけついだ古典派経済学者にとっても、経済システムが再生産されていることは自明の理でしたが、これで万事解決したわけではありません。経済システムは安定しているか否か、安定しているとすればなぜか、といった問題が残っています。もしも経済システムが安定していなければ、再生産メカニズムは不安定になり、それどころか止まってしまうかもしれないからです。

古典派や、さらには新古典派を見ると、彼（女）たちは、経済システムは自動的に安定すると考えました。そのキーワードはミルが指摘した収穫逓減の法則です。

市場メカニズムでは、需要が供給をこえた場合も、供給が需要をこえた場合も、需要と供給を一致させるような力が働き、取引は均衡点に至ります。それは、価格が上がると需要は減って供給は増え、価格が下がると需要は増えて供給は減るからです。直交座標を考え、横軸に財の量、縦軸に価格をとると、需要を表す曲線は右下がりになり、供給を表す曲線は右上がりになるわけです。

このうち需要曲線が右下がりになることは、何となくわかります。ぼくらの日常生活では、価格が上がれば買う量を減らすし、価格が下がれば買う量を増やすはずです。

では、なぜ供給曲線は右上がりになるのか。価格が上がることから説明を始めると、価格が上がれば売上高や利益が増え、生産が増え、供給も増える、ということになります。供給が増えることから説明を始めると、供給を増やすためには生産を増やす必要があるが、生産を増やすと収穫の増え方は鈍ってくるから、価格は上がる、ということになります。ここに収穫逓減の法則が用いられています。

ただし、古典派経済学では、そもそも、収穫逓減の法則は農業だけにあてはまるものでした。リカードがこの法則を利用したのは、地代の問題を論じるときでした。ミルも、この法則を工業に全面的にあてはめはしませんでした。[2]

2　ミルによれば、土地の産物を原材料の一部にするような工業については、収穫逓減の法則が部分的にあてはまります（ミル［a］第一巻三一六〜三一七頁）。つまり、生産すれば生産するほど、土地に由来する原材料の単位当たり費用は上がります。ただし、この種の原材料は部分的だし、また工業では活発な技術革新がおこなわれますから、工業全体を見ると、やはり作れば作るほど単位当たり費用は下がり、収穫の増え方は加速します。

でも、その後、収穫逓減の法則は、様々な論理のもとに、工業にも全面的にあてはめられてゆきます。それは、そうしないと、経済システムを安定したものとみなせないからです。収穫が逓増する（作れば作るほど沢山作れる）と、財一単位の生産にかかる費用は下がってゆきますから、価格を下げることが可能になります。というよりも、価格が低いほうが売れるので、価格を下げるに違いありません。この場合、供給が増えると価格は下がり、供給曲線は右下がりになります。そうすると、需要曲線も供給曲線も右下がりになってしまい、交点つまり需要と供給が一致する点がなくなる可能性が生まれます。これでは困るので、工業でも収穫の増え方は鈍ると仮定されるようになったのです。

工業、とくに巨大なプラントを備えたいわゆる装置産業では、作れば作るほど安くなるというのが一般的な感覚です。でも、そうすると需要と供給が一致する点をみつけにくくなるので、なんとか例外として処理しようとするわけです。これはどう見ても本末転倒ですが、経済学に限らず科学の世界では、理論の整合性を守るために、常識で考えると一般的にみえる事例を例外として処理するのは、じつはよくある話です。

マーシャルは収穫逓増という現象を経済学にくみこもうとした

収穫の増え方が加速する事態が論理的に存在することを認めつつ、しかし需要と供給が一致する点は必ず存在すると主張するには、相当の知的な努力が必要です。この難題にとりくんだ経済学者として、マーシャル（イギリス、一八四二〜一九二四）がいます。

収穫逓増という事態を説明するために、彼はまず外部経済に着目します。外部経済とは「財の生産規模の増大から生じる経済」のうち「産業の一般的な発展に依存するもの」（マーシャル［a］第二巻一九三〜一九四頁）のことです。たとえば、ある地域で特定の産業が発展して工場が増えると、工場から工場に製品を輸送する費用が下がります。この状態が続くと、費用が徐々に低下し、収穫の増え方は加速します。このように、工場の集積といった、市場の外部で生じた事態によって、収穫が徐々に増えることを外部経済と呼ぶわけです。ただし、マーシャルは、市場の外部で生じた要因がもたらす収穫逓増は財の取引の外部にある例外的な事例だと考えます。

マーシャルは独占にも着目します。収穫の増え方が加速し、供給曲線が右下がりになると、規模の大きな企業が有利になります。こんな市場では、やがて、単一の企業が供給を独占する事態が生じるでしょう。ただし、マーシャルは、さほどの根拠を示すことなく、これも例外的な事態にすぎないと主張します。

マーシャルは、さらに時間に着目します。彼は、財の供給を基準にして、「供給はたまたま手元に存在している在庫に限定される」短期、「供給は程度の差はあれ、問題の商品の生産費によって影響される」長期、「生産費は、程度の差はあれ、商品を生産するために必要とされる労働と物的財の生産費によって影響される」（マーシャル［a］第三巻一一〜一二頁）超長期、この三つの時間を区別します。このうち最初の二つが大切です。

短期では、生産システムは調整できません。だから、価格が変わらないと供給も変わらないし、価格が上がると供給も増えます。供給曲線は右上がりになり、取引は安定します。

これに対して長期では、生産システムを調整できます。だから、生産者が価格を支配する余地があります。省力化や機械化によって、あるいは企業者精神を発揮することによって、生産の効率を上げたり規模を拡大したりできます。この場合は、たとえば、機械化が進めば、大量に作れば作るほど単価は下がりますから、生産量（つまり供給）が増えれば価格は下がります。収穫の増え方が加速するわけですから、供給曲線は右下がりになります。供給曲線が右下がりになると、需要曲線も右下がりですから、両者が交わらない可能性が生まれます。

ただし、マーシャルにとっては、短期における需要と供給の関係が大切でした。まず短期の経済学を考え、ついで長期、さらに超長期の経済学を考える、というのが、彼の戦略でした。たしかに（とくに長期について）収穫逓増は存在するかもしれませんが、「収穫逓増の傾向は、短期に関しては一般に存在しない」（マーシャル［a］第三巻二八四頁）以上、彼にとって収穫逓増は例外的な事例にすぎません。

外部経済、独占、さらには時間という三つの点を考察したうえで、マーシャルは、収穫逓増という事態は存在するが例外的であり、基本的には収穫は逓減すると主張します。こんな彼の立場は、ひろく受容されてゆくことになります。

2・3　価値をめぐる考察の系譜

リカードは投下労働価値説を採用した

スミスが論じたもう一つの大切な問題は、財の価格の決まり方でした。彼は、財の価値を決めるのは労働だと考えつつ、価値と労働の関係をめぐって二つの所説（投下労働価値説、支配労働価値説）の間を動揺したのでした。彼に続く経済学者は、どちらを採用するかをめぐって分裂し、対立することになります。

投下労働価値説を採った代表的な経済学者はリカードです。彼によれば、「一物の生産に投下された労働量」と「この物が市場において支配しうる労働量」（リカード［a］一四頁）とは別物です。だから、経済学者は、二つの労働価値説のうち、どちらかを選択しなければなりません。彼自身は「労働を以て凡ゆる価値の基礎となし、かつ労働の相対量を以て殆んど専ら諸財貨の相対価値を決定するものとなす」（リカード［a］二二頁）と述べ、投下労働価値説を採用します。

彼が投下労働価値説を採用したのは、支配労働価値説よりもすっきりしているからです。支配労働価値説によれば、ある財の価値は、それに付けられた価格で買える労働の量に比例しますが、こう考えると、「それに付けられた価格」と「それで買える労働の量」の関係を明らかにしなければならなくなるし、そのために何らかの尺度が必要になるかもしれません。せっかく「労働の量」という一つの尺度によって財の価値や価格を決められるようになったのに、また別の尺度を導入するというのは、いかにも面倒です。

また、リカードは、スミスと違うかたちで利潤や地代を理解していました。スミスが支配労働価値説を構想したのは、ものつくり経済を脱した社会には資本家と地主が生まれる、だから彼（女）たちの取り分である利潤と地代を説明しなければならない、そのためには働く人々の取り分を説明する投下労働価値説とは別の所説が必要になる、と考えたからでした。これに対して、リカードは「土地の生産物——労働、機械および資本の合作によって地表からとる一切のもの——は社会の三階級間に分配される」（リカード［a］七頁）と考えます。利潤も地代も、もともとは誰かの労働の産物です。労働が投下されて価値を持つ財が生産され、その財（つまり価値）が労働者、地主、資本家の間に分配される、と考えれば、投下労働価値説以外の所説をひねくりだす必要はなくなる、というわけです。

投下労働価値説は一部の経済学者にうけつがれますが、ただし、問題を孕んでいました。投下された労働の量によって財の価値が決まるというのは正しいかもしれませんが、こうして決まった価値が価格と一致するとは限りません。実際、リカードは価値と価格が等しくなることを証明していません。価格を決定する原理として、本当に投下労働価値説は十分か、という問題は、投下労働価値説にとって、喉に刺さった小骨でありつづけます。

マルサスは支配労働価値説を採用した

支配労働価値説を採用し、リカードと論争をくりひろげたのがマルサス（イギリス、一七六六〜一八三四）です。彼によれば、投下労働価値説は財の原価と価値を同一視していますが、原価とは投下された労働が決めるものであり、財の価値とは他の財を支配する力ですから、両者は本質的に違っています。しかも、他の財を支配する力は価格で測れますが、ある財の価格と、その財を生産するために投下された労働の量とは、大抵は相異なっています。取引で価格が決まる際に働くメカニズムは、財の原価や投下された労働の量や生産の費用といったものからは独立しているのです。

彼によれば、財の価格は「所有したいという願望とその所有を獲得する難易とにもとづいて両当事者がなすところの相対的評価に、依存」（マルサス［b］七七頁）します。財を所有したいという願望は需要を生み、財を獲得する難易は供給を規定しますから、つまり「価格は需要と供給によって決められ、生産費によって決められるものではない」（マルサス［b］一一二頁）わけです。

もちろん、彼も、生産の費用が価格にまったく反映しないと考えたわけではありません。また、彼の所説には、投下労働価値説で用いられるような言葉もちりばめられています。とはいえ、彼は、価格の決定にとって労働の量や価値は重要ではないと考えます。重要なのは需要と供給の関係なのです。

こんなマルサスの立場は、一九世紀前半という彼の時代には、ひろくうけいれられたわけではありません。ただし、やがて限界革命を経て、支配労働価値説は人口に膾炙してゆくことになります。

パラダイム・シフトとしての限界革命と、その後

二つの労働価値説の対立と並存は、一九世紀を通じて続きました。でも、この（一種の）平和共存状態は限界革命によって消滅します。これによって支配労働価値説、というよりも「需要と供給の関係によって価格が決まる」という所説が優位に立ちます。

ただし、このことは、投下労働価値説が誤っていることを意味するわけではありません。ぼくらの日常生活を見てみましょう。野菜の産地直売をする農家は、生産に要した労働の量を価格で見積もったものに諸経費を加えて費用を計算し、それに一定の利益を加えて価格を付けているようにみえます。町工場の経営者は、人件費を含んだ製造費用に利益を加え、製品の価格を付けているようにみえます。もちろん、その後にユーザーと価格交渉が始まるかもしれませんが。

また、投下労働価値説が間違っていることが証明されたという話も聞いたことがありません。むしろ、経済学者の「ものの見方」が変わってしまい、その結果、投下労働価値説は顧みられなくなった、というべきでしょう。かつては「価格は財の価値と比例し、等しい価値を持った財同士が交換され、価値と労働の間には何らかの関係がある」という見方を多くの経済学者が共有していました。ところが、限界革命を経て「価格と価値の関係や、価値と労働の関係は、あるかもしれないし、ないかもしれないが、いずれにせよ無視してよいたぐいのものだ」という見方が支配的になったのです。

限界革命の意義を理解するには「パラダイム」という概念が役立ちます。これは、科学史家クーン（合衆国、一九二二〜一九九六）が提唱し、瞬く間に人口に膾炙した概念です（クーン［a］）。クーンによれば、

どんな科学にも、根拠の強弱を問わず、多くの科学者に信じられている理論や思考様式、つまり「ものの見方」があります。これを「パラダイム」と呼びます。理論上あるいは現実上の様々な発見は、当初はすべて既存のパラダイムの信憑性を強化する方向に働きます。でも、既存のパラダイムに反する事例が増加すると、ある時点で既存のパラダイムの信憑性は一挙に崩れ、新しいパラダイムが姿を現します。これがパラダイム・シフトです。限界革命は、「ものの見方」が、その正しさをさほど問われることなく変わってしまったという点で、その典型です。

だから、マルクスの所説をうけつぐ「マルクス派」の経済学者を中心とする一部の経済学者は、その後も投下労働価値説に固執します。間違いが証明されたわけではありませんから、これも当然の対応でしょう。そして、この原理が孕む最大の問題点である価値と価格の関係を問いつづけます。財の生産に投下された労働から価値はみちびきだせるから、今度はこの価値から価格をみちびきだす方法をみつけよう、というわけです。

この「転形問題」と呼ばれる問題をめぐっては、二〇世紀初頭から少なくとも一九七〇年代まで、マルクス派のみならず新古典派の経済学者も参加した論争が続きました。残念ながら、この論争は「価値を価格におきかえる（転形する）ことはできるか」という理論的な問題と「財の価値を論じたり測ったりすることに意義はあるか」という規範的な問題とがいりみだれたなかで進み、あまり生産的なものにはなりませんでした。ただし、論争のなかでは、実際に転形の可能性が示されています。[3]

3　例として、この論争に参加したディッキンソン（イギリス、一八九九〜一九六八）の所説を簡略化して見てみます（ディッキンソン［a］）。いま、ある国の経済が食品産業と機械産業からなり、両産業は労働者に食品で賃金を払うと仮定します。ですから機械産業は食品産業から食品を買わなければなりません。また、食品産業は機械を使って食品を生産すると仮定します。ですから食品産業は機械産業から機械を買わなければなりません。

このとき、食品産業の生産物は、次の三つに分けられます。すなわち賃金になる食品の費用（a）、機械の費用（b）、利益（c）です。同時に、それは次の二つ、自産業の労働者用の食品（a）と機械産業の労働者用の食品（s）に分けられます。だから「$a+b+c=a+s$」という**式1**ができます。次に、機械産業を見ると、その生産物は、賃金になる食品の費用（s）、機械の費用（t）、利益（u）、この三つに分けられます。同時に、それは、食品産業向けの機械（b）と自産業向けの機械（t）に分けられます。だから「$s+t+u=b+t$」という**式2**ができます。

ここで、食品の価格は価値のx倍、機械の価格は価値のy倍だとします。そうすると、**式1**を価格の次元にかきかえると「$ax+by+c=(a+s)x$」に、**式2**は「$sx+ty+u=(b+t)y$」に、各々なります。ところで利益は費用に利益率（r）を掛けたものですから、**式1**は「$ax+by+r(ax+by)=(a+s)x$」に、**式2**は「$sx+ty+r(sx+ty)=(b+t)y$」に、各々なります。ここで二つの式の左辺を変形すると、**式1**は「$(1+r)(ax+by)=(a+s)x$」に、**式2**は「$(1+r)(sx+ty)=(b+t)y$」に、各々なります。

この二つの式は連立方程式になっていますが、未知数はxとyとrの三つです。式の数と未知数の数が一致しなければ連立方程式は解けませんから、この方程式は解けず、価値を価格に転形することはできないようにみえます。

ところが、ディッキンソンによれば、知りたいのはxやyで表される各財の価格ではなく、「x/y」または「y/x」で表される二財の交換比率（つまり相対的な価格）です。そうすると、未知数は「x/y」または「y/x」とrの二つになり、この方程式は解けます。解ければ、価値を価格に転形できたことになります。

でも、パラダイム・シフトがなったからには、たとえ価値を価格に転形できることがわかっても、それが人々の注目を惹く可能性は小さいでしょう。「ものの見方」が変わってしまったからです。支配労働価値説の系譜を引き、需要と供給の関係に価格決定のメカニズムを見出す所説は、いまも正統の地位にあります。

第3章　生存

3・1　モラル・エコノミー論

「価格は需給で決まるのです」「たしかにそれはそうですが」

「財の価格は需要と供給の関係によって決まる」という言葉には、奇妙な説得力があります。それは、買い物という日常的な取引のなかに働くメカニズムとして、ぼくらの常識にしっかりとくみこまれているからでしょう。買う人が増えれば価格は上がるし、店頭に出回る量が増えれば価格は下がります。というわけで、このメカニズムさえしっかり機能していれば、経済システムは何の問題もなく再生産されてゆく、はずです。

ところが、買い物の場面をこえて、ぼくらの日常生活をもう少しひろく眺めると、「本当にそうだろうか」という疑問が湧いてきます。たとえば、病気になって、病院に行く場合、診察が終わると患者は診療費を払いますが、その金額は患者が増えようが減ろうが変わりません。この薬はこの価格、この検査はこの価格と、あらかじめ決まっています。これは、診療は取引ではない、取引にはなじまない、あるいは価格が需要と供給の関係で決まらない取引である、ということなのか。でも、診療は立派な経済活動であるはずです。

もう少し話を進めて、財の価格は需要と供給で決まるという場合、ここでいう「財」に含まれるものを考えます。たとえば、身体はどうか。もしも含まれるなら、身体を売買する奴隷制度も、あるいは身体の一部を売買する臓器売買も、通常の取引だ、ということになります。では、生命はどうか。生命を取引するというのは、さすがに倫理に反する気もします。そうだとすると、人間が生命を維持するのに不可欠な食料を取引することも倫理に反することになります。でも、食料は日常的な買い物の主役であり、需要と供給の関係で価格が決まる財の代表です。そうだとすると、需要と供給の関係で価格が決まるという所説は倫理に反することになります。

というように、需要と供給が一致するところで価格が決まるという考え方は、けっして当たり前でも日常的でも当然でもありません。身体や生命、つまり人間の生存という観点から見れば、そのことがよくわかるはずです。さらに、問題はここに留まりません。その先には「こんな考え方が常識になった理由は何か」という難問が控えています。

こんな疑問を感じたら、歴史をふりかえることが役立ちます。たとえば、スミスが構想した経済学は、当時の人々にとって、まったく新しい「ものの見方」でした。だから、経済学に対しては、きっと様々な反応が返ってきたはずです。そう考えると、様々な疑問が湧きます。当時の人々は、経済学は自分の生存にかかわると考えたのか。そうだとしたら、経済学の様々な要素のうち、何が問題だと考えたのか。生存にかかわる彼（女）たちの心性を経済学の用語で表現すると、どんな論理がうかびあがるのか。経済学者は彼（女）たちの心性を直視してきたのか。そうだとしたら、どう対応してきたのか。

家父長主義と重商主義は表裏の関係にあった

スミスに続く古典派の経済学者たちは「政治経済学者」を自称します。なぜ「政治」という形容詞を付けるかというと、一つには、政策を提言することが経済学の大切な目的だと考えていたからです。彼（女）たちの政策提言の中核には、経済の領域に公的な権力が介入してはならないという所説、つまり「自由放任」の思想がありました。

さて、生存の可否が重要な問題になるのは、基本的には貧しい人々です。彼（女）たちを「民衆」と呼ぶことにします。彼（女）たちの対極には「支配階層」が位置します。では、一八世紀から一九世紀にかけてのヨーロッパ諸国の支配階層は、民衆の生存という観点からして、経済学をどう評価したのか。まずはこの問題を、古典派経済学の母国イギリスを中心に見ます。

スミスが批判の対象にした重商主義は、ある民衆政策と表裏一体をなしていました。この民衆政策を「家父長主義」と呼びます。家父長主義は産業革命以前のヨーロッパ社会のキーワードの一つで、「上に立つ者と下にいる者との関係は一種の親子関係であるべきだ」とする思想を指します。中世以来ヨーロッパ社会に普及していた共通了解によれば、国王や貴族など上に立つ支配階層と、下にいる民衆との関係は、上下はあるが人間同士の人格的な関係でなければなりませんでした。そして、支配階層は民衆を（目下ではあるが同類である）一種の「子供」とみなし、親しげにふるまわなければなりませんでした。ことあらば、彼（女）たちの身体や生命を「親」として守らなければなりませんでした。[1]その対価として、民衆は支配階層に「子供」として絶対的に服従しなければなりませんでした。家父長主義とは、服従の対価として生存を保証する政策です（近藤［a］、成瀬［a］）。

1　当時の親子観は、今日のかなり対等な親子観とは異なっています。

当時の支配階層はこんな民衆政策を持ち、民衆もまた家父長主義をうけいれていました。家父長主義は両者のコンセンサスのうえになりたっていたのです。もちろん、このコンセンサスは、調和的というよりは、緊張を孕んだものです。民衆が反乱を起こして支配階層が弾圧したり、支配階層が義務を忘れて民衆が暴力に走ったりすることも度々でした。とはいえ、こうして社会や国家は一種の「大きな家」とみなされることになります。

では、家父長主義が経済の領域に適用されるとどうなるのか。まず、どの家にとっても子供を養うにはお金がかかりますが、「大きな家」である社会や国家にとっても事情は変わりません。養育費を稼ぐためには、収入を増やして支出を抑えなければなりません。そして、国家や社会にとって、収入とは輸出であり、支出とは輸入です。こう考えると重商主義がみちびきだされます。また、子供には小遣いをやらなければなりませんが、おもちゃや菓子が値上がりすると子供の不満がたまり、小遣いの増額を要求したり家庭内暴力に走ったりするかもしれません。不満を爆発させないためには値上げをやめてもらえばよいのですが、普通の親にとっては、それは不可能です。でも、「大きな家」の「親」である支配階層は公的な権力を持っています。小遣いを増額したくなければ、値上げを撤回させるという方法があります。「子供」である民衆にとっての生活必需品については、価格を公定すればよい、ということになります。

古典派経済学は家父長主義を批判し、支配階層の間に支持者を増やした

スミスが、つづいて古典派経済学者が批判したのは、まさにこの「民衆と支配階層の双方が家父長主義を支持する」という事態でした。重要な生活必需品である食料を見ると、民衆と支配階層の双方が協力して取引を規制していましたが、経済学者にとって、これは生産性の上昇を妨げる悪しき慣習でした。全てを放任すれば生産は増え、価格は適切な水準におちつくはずなのです。規制撤廃、価格上昇、生産者増加、生産量増大、そして価格下落、これが新しい処方箋でした。

そして、自由放任を説く経済学はすみやかに支配階層に受容されてゆきます。イギリスでは一八世

紀末、フランスでは一九世紀中葉のことです。ただし、家父長主義の社会的なメリットを捨て、また自由放任のデメリットを覚悟してまで、なぜ支配階層が経済学を選択したのか、その理由はまだ十分わかっていません。

こうして、経済とくに生存にかかわる民衆の心性と、支配階層が支持する経済学は、対立してゆきます。たとえば、不作になると、民衆はあいかわらず支配階層を頼り、食料価格の公定といった規制を求めます。ところが、支配階層は流通の自由放任に固執するようになります。これは民衆の「親」たることをやめることを意味しますから、当然ながら、民衆も支配階層に対する信頼を失います。両者の微妙なコンセンサスに支えられていた家父長主義は消滅します。経済学が受容されるにしたがって、民衆と支配階層の人格的な（つまり非経済的な）人間関係は、姿を消します。あとに残されたのは、経済的な取引や市場にもとづいた人間関係でした。これは「パンに基づいた人間の絆」が「お金に基づいた人間の絆」（トムソン［a］七九頁）に転換したことを意味しています。

民衆の経済観念をモラル・エコノミーと呼んでみよう

経済学をうけいれることについて、民衆は支配階層にとりのこされた感があります。でも、彼（女）たちが経済現象に無知だったかといえば、そんなはずはありません。たしかに彼（女）たちは経済学にはアマチュアかもしれませんが、生存という、経済活動の中核をなす現象にはもっとも敏感でした。だから、彼（女）たちは彼（女）たちなりに、経済の領域を理解するための思考の枠組を持っていました。彼（女）たちを論じる側が、その枠組を理解するだけの分析ツールを備えていなかったのです。そんななかで、歴史家トムソン（イギリス、一九二四〜一九九三）が民衆の経済観念を「モラル・エコノミー」と呼ぶことを提唱します。この提唱は広い共感を呼び、モラル・エコノミーという用語は歴史学から経済学、さらには地域研究や政治学に広まります。

スミスが生きた時代のイギリスでは、民衆にとって最大の関心事は食料、とくに主食であるパンや各種の麦の価格でした。不作や戦争をきっかけに食料価格が上がると、彼（女）たちは、パン屋や粉屋を襲撃したり、市場での食料の取引に介入したり、地元の市場で取引された食料が別の場所にはこびだされるのを妨害したりするなど、しばしば暴力に訴えました。これを「食料騒擾」と呼びます。食料騒擾に参加した民衆は罪悪感を持たず、それどころか、これは伝統的な権利や慣習を擁護する正当な行為だと考えていました。その背景にある、経済のあるべき姿をめぐる彼（女）たちの観念が、モラル・エコノミーです。支配階層の側を見ると、彼（女）たちは家父長主義を採用し、民衆のモラル・エコノミーを支持しました。こうして、支配階層と民衆の間には一種のコンセンサスが成立します。

支配階層は食料、とくに主食の流通を厳重に規制しました。具体的には、遠隔地に食料をはこびだすことを禁止または制限したり、地元の民衆が穀物を購入しやすいように市場（いちば）で取引するのを義務付けたり、貧しい人々が買うのを優先させたりしました。こんな市場規制政策は民衆に有利であり、また、利益を最大にしようとする生産者や商人の利害には反しています。さらに、それにもかかわらず価格が上がった場合は、補助金や慈善事業によって安い食料を供給しようと試みました。

民衆を見ると、彼（女）たちは、食料騒擾に際して、手に入れた食料を一定の価格で販売しました。これを「民衆的価格設定」と呼びます。民衆にとって、食料騒擾は掠奪ではありません。彼（女）たちの間には、あるべき穀物の価格についてのイメージが共有されていました。この価格をどう決定すればよいかについては、共通の了解はありませんが、いずれにせよ、それは民衆の手の届くものでなければなりませんでした。需要と供給の関係で決まる価格が、この価格と乖離する場合、民衆は後者を実現しようとしました。たとえそのために食料の所有権が侵されても、しかたがありません。生存権は所有権に優越するし、取引は公正で道徳的なものでなければならないのです。

さらに、しばしば彼（女）たちは支配階層の名のもとに食料を押収したり、それを役所にもちこんで支配階層に委ねたり、役人が騒擾に参加することを求めたりしました。民衆は、支配階層の代わりに正義を行使していると考えていたのです。これを「代執行」の観念と呼びます。その背景には、民衆と支配階層のコンセンサスがありました。

家父長主義モデルとモラル・エコノミーの共存は、なにもスミスの時代のイギリスに限られたものではありません。一九世紀前半のフランスでも、あるいは一九世紀半ばのドイツでも、同じような現象がみられます（小田中［a］、ヘルツィヒ［a］）。そしてまた、支配階層が経済学を受容し、民衆とのコンセンサスを放棄するという事態も、各地でみられます。

モラル・エコノミーを定式化したのは、一人の政治学者だった

民衆のモラル・エコノミーを理論的に定式化し、一つの経済学に体系化することはできないのか。この課題に挑戦し、成功したのは、歴史家でも経済学者でもなく、東南アジアを研究対象とする政治学者でした。

第二次世界大戦後のアメリカ合衆国では、冷戦が進むにつれて、その舞台であるアフリカや東南アジアを対象とする地域研究が脚光を浴び、多くの研究者をひきつけました。この潮流のなかで、スコット（合衆国、一九三六～）はヴェトナムとビルマで二〇世紀前半に発生した農民反乱に関心を持ちます。第二次大戦以前のヴェトナムはフランスの、ビルマはイギリスの、各々植民地でしたが、しばしば貧しい農民が反乱を起こすことで知られていました。

スコットは反乱の社会経済的な背景を分析することから研究を始めましたが、すぐに壁にぶつかりました。農民の経済活動をどう捉え、理解し、分析すればよいか、彼にはまったくわからなかったのです。たとえば、植民地政府は、農民の収入を増やして生活を改善するために、生産性の高い新種の種や技術を導入することを勧めましたが、拒まれました。地代や税金を払うために現金が必要だとして、市場で売れる商品作物を栽培することを勧めましたが、それも拒まれました。誰でも自由に使える土地（入会地）は効率が悪いとして、売却や分配（私有地化）を勧めましたが、それも拒まれました。一体、彼（女）たちは何を考えていたのか。

スコットは、こんな疑問から農民の経済観念を分析しはじめ、独創的な結論に達します。彼によれ

ば、農民にとって最大の目標は自分と家族の「生存維持」であり、経済活動の基本原理は「安全第一」つまりリスクを避けることでした。生存の限界ぎりぎりで暮らす彼（女）たちにとって、生きるためにはリスクをおかす余裕はありません。だから、たとえ予想される利益が大きくても、それに伴うリスクも大きいような選択は好みません。彼（女）たちは「危険回避型なのであって、損失が極大にならないよう主観的確率を極小にする」（スコット［a］七頁）のです。ここでいう「損失が極大に」なることとは、生存できなくなる事態を指します。

そう考えると、彼（女）たちの行動がよくわかります。新種の種や技術は、収穫量の変動が大きいので、リスクが大きくなります。商品作物は、価格が市場や為替レートの変動にさらされるので、リスクが大きくなります。入会地を現金化したり分配したりすると、困ったときの頼みの綱（安全網）がなくなるので、リスクが大きくなります。東南アジアの農民は経済的に無知だったわけではありません。合理的に考えたうえで、こんな選択を嫌ったのでした。

農民の行動の背後にある観念を、スコットは「モラル・エコノミー」と呼びます。それによれば、生存を脅かす人やものや行為は不当です。生産物は万人の生存を保障するように分配されなければなりません。もらったら返すという「互酬性規範」と、誰でも生きる権利があるという「生存維持権」という二つの原理が大切なのであって、利益を最大にするという原理が大切なのではありません。こんなスコットの所説を「モラル・エコノミー論」と呼ぶことにしましょう。

大抵の経済学者は「人間は利益を最大にすることを目指して行動する」と考えます。人間は経済人であり、利益を最大にすることを目指さない人は合理的でないとされます。でも、モラル・エコノミー論によれば、経済活動の目標は利益の最大化でなくてもかまいません。何らかの目標を立て、それを目指して合理的に行動すれば、合理的だと考えてよいのです。「利益最大化＝合理性」という経済学の前提は一つの仮説にすぎません。

合理性を前提にしても、利益ではなくて生存を優先する行動がありうると主張するスコットの所説は、おなじくヴェトナムの農民を研究したポプキン（合衆国、一九四二～）との間に、激しい論争をひきおこしました。スコットの所説が完全に妥当なものか否かは措くとしても、利益を最大にすることだけが合理的な行動の目的ではない、という彼の主張は、経済学にとっても一考に値します。[2]

2　ポプキンは、経済学から具体的な事実の解釈に至るまで、様々な点でモラル・エコノミー論（とくにスコット）を批判します（ポプキン［a］二一頁）。彼によれば、モラル・エコノミー論がとりあげたような、貧しいためにリスクを回避しがちな農民も、よく見ると様々な投資をし、生活水準を向上させようとしています。リスクにも様々なものがあるのであり、「全てのリスクを好むか、全てのリスクを回避するか」という二分法で人間の行動を考えてはなりません。たしかにモラル・エコノミー論は「農民は全てのリスクを避ける」と考えがちですから、ポプキンの所説は同論を（批判するというよりは、むしろ）深めるものだといえるでしょう。

3・2　生存をめぐる考察の系譜

モラル・エコノミーの基盤をなす農村共同体は、なかなか解体しなかった

合理性を備えた経済観念であるモラル・エコノミーは、なによりもまず「農村共同体」に支えられていました。農村共同体の定義については様々な所説や論争があり、ここで全てを網羅して紹介することは不可能だし不必要ですが、簡単にいえば、農村共同体は「農民が、農業を営み、維持するために組織した集団」を指します。

農業は、必要な労働力が季節によっておおきく変化するし、経営規模が小さい場合は（農薬散布を考えればすぐにわかるように）単独で行動すると隣人に影響を与えるので、集団的な意思決定や労働に向いています。また、収穫期など大量の人手が必要になる時期があるので、貧しい人々をかかえこむことにもメリットがあります。さらに、ヨーロッパなどでは、牧畜と耕作がくみあわされているため、牛や羊の牧草地が必要です。というわけで、農村共同体は、集団的な意思決定や農作業、貧しいメンバーを助けるメカニズム、誰でも家畜を自由に放牧できる土地、といった特徴を持っています。この農村共同体に支えられながら、農民はモラル・エコノミー的な心性を育んでゆきます。

農村共同体がもっとも典型的に発達したのは、二〇世紀初頭までのロシアです。ロシアの農村共同体は「ミール」と呼ばれますが、ただし他の地域にはみられないメカニズムを持っています。農村共

同体が貧しいメンバーを助けるメカニズムの一つに、共同体内部の農地を定期的に再分配する、というものがあります。これを「割替」と呼びます。農地を割替える場合、大抵の地域では、各々の家族に同じ面積の土地が与えられました。ところが、ミールでは、家族の人数に比例した土地が与えられました。ミールはかなり平等主義的な性格を持っていたといえるでしょう。

一九世紀から二〇世紀初頭に至るロシアでは、こんな性格を持つミールと経済の成長との関係をどう評価すればよいかをめぐって、長い論争が続きます。

一方には、ミールを積極的に評価し、それを利用して経済を成長させることは可能だと主張する人々がいました。たとえばチャヤノフ（ロシア、一八八八～一九三九）は、二〇世紀初頭になっても、家族規模の農業経営である「小農経済」が大農場経営と正面から互していることに着目します。そして、小農経済を企業と異なる原理にもとづく経営として捉え、理論化します。小農経済の単位は消費も生産もおこなう家族であり、労働者は雇われません。こんな経営の目的は、利益を最大にすることではなく、家族の消費需要をみたすことです。そのために必要なら、「自家労働の搾取」（チャヤノフ［a］六二頁）と呼ばれるほど、はげしく働きます。ここにチャヤノフは小農経済の強さを見出します。

小農経済では、経営の規模を決めるのは家族が持つ労働力です。それにもとづいて、どれくらいの広さの土地を利用するかとか、どれくらいの資金を投下するかとかが決められます。そして、労働力に応じて土地の広さを決めるためには、割替が必要です。こうしてチャヤノフは、農村共同体と家族経営が支配する農業に適用できるような経済学をつくりあげました。彼の所説は、しばらく忘却の淵に沈んだのち、二〇世紀末になって、ふたたび脚光を浴びることになります。

これに対して、ミールは個人の経済活動を妨げるものであり、ロシア経済が発達するにはミールを解体しなければならない、と主張する人々もいました。代表的な人物としては、日露戦争（一九〇四～一九〇五）の敗戦後に首相に就任したストルイピン（ロシア、一八六二～一九一一）がいます。彼が首相就任後最初に実施したのは、農民の生産意欲を高めるべく農地を私有化（つまりミールを解体）することでした。

同じ立場に立ったのがレーニン（ロシア、一八七〇～一九二四）です。彼は、一九世紀後半からロシアでも市場経済が発展して農業は商品経済化し、農民は貧農と富農に両極分解し、ミールは解体しつつあると主張しました。「共同体そのものの内部に資本主義の諸要素が不断に形成されつつある」（レーニン［a］第一巻二〇八頁）というわけです。その背景には、膨大な統計資料の分析とともに、貧農が都市部に流入して労働者になり、社会主義や共産主義を受容して革命の担い手になるのではないか、という期待がありました。

ただし、この判断は、その後の歴史によって否定されます。一九一七年、レーニンたちによって、首都ペトログラードで社会主義革命が勃発します。革命のニュースは広大なロシアの各地に伝えられましたが、首都からとおく離れた農村部では、革命は何よりもまず権力の空白として捉えられました。そして農民たちは、この空白を利用して、ストルイピンの施策によって私有化されつつあった農地や農業機械をふたたび共有化し、ミールを再建しようとしました。彼（女）たちはストルイピンの施策にもレーニンの判断にも「ノー」を突きつけたのです。

ところで、農地や農業機械は資本財です。ということは、それらを共有化するという農民の行動は、彼（女）たちが社会主義（または共産主義）思想を受容し、実践しようとしたことを意味するようにもみえます。では、資本財を共有するミールは、資本財の共有を特徴とする社会主義の土台たりうるのか。この問題は、じつはすでにマルクスが悩みに悩んだものでしたが（マルクス［b］）、レーニンたちにとっては、革命の成否を左右する最重要な問題になりました。当時のロシアの人口の大部分を占める農民から支持されなければ、革命は失敗に終わらざるをえないからです。

資本財を所有する主体については、レーニンたちは国家を、農民たちはミールを、各々主張しました。ただし、これは大きな問題ではありません。国家にせよミールにせよ、個人でないことには変わりないのです。

問題は、誰が資本財を管理運営するかにありました。レーニンたちは、労働者が国家を管理することを構想しました。でも、万人が国家の管理に参加できるはずはありませんから、結局は政治家や官僚など一握りの人間が国家を動かすことになります。そして、国家が全ての資本財を所有する以上、政治家や官僚が農業の資本財の管理運営に口を出すのは不可避でした。

これに対して農民たちは、資本財の管理運営は自らの権利だと考えました。彼（女）たちの間に不満が高まるのは時間の問題です。実際、はやくも一九二〇年には空前の農民反乱が勃発します。レーニンたちは事態の深刻さに驚き、農業経営権を農民に委ねる方向に政策を転換します。両者は一種の停戦状態に入ったわけです。でも、スターリン（ロシア、一八七九～一九五三）の登場とともに、事態は一変します。彼は農業経営の集権化つまり国家化を進め、反対する農民たちを弾圧しました。これを「農業集団化」と呼びますが、それは同時にミールの解体を意味していました。

マルサスは生存の問題を真正面からとりあげた

では、経済学者たちは生存の問題をめぐってどんな態度を採り、どんな処方箋を提示したのか。じつは、経済学を用いてこの問題に接近しようとした経済学者は、多くはありません。たとえば、労働者の貧困に着目し、彼（女）たちの生存の問題に最接近したマルクスでさえ、経済学にもとづく対策は示せませんでした。このように経済学者が生存の問題に正面からとりくんでこなかった理由は、彼（女）たちが持つ人間観にあります。

古典派を見ると、この学派に属する経済学者たちは人間を資本家と地主と労働者という三つの階層に分け、そのうえで、各々の階層が持つ商品（資本、土地、労働力）が取引されるメカニズムに着目しました。三者のうち生存の問題がもっとも切実なのは労働者ですが、古典派の経済学者は「労働者という人間と労働力という商品とはきりはなせる」と考え、労働力だけに着目して経済学をくみたてました。これは、労働力以外の様々な側面を捨象することを意味しています。そして、生存という問題は、この捨象された側面に含まれています。

もっとも、投下労働価値説を採る経済学者は「労働力の価値は、労働者を生存させ、労働力を維持させるために必要な財の量で測れる」と主張しましたから、生存の問題を無視していたとはいえません。ただし、労働者の生存に必要な財とは何か、その量はどれくらいか、自由放任政策によってその量を供給できるか、その価格は労働者の手の届くところにあるか、といった問題を正面切って論じることはありませんでした。

そんななかで、マルサスは異色の存在です。彼は、人間の生存にとって食料は不可欠である、性欲は必然かつ普遍である、という二つの公理から、「人口は、制限されなければ、等比数列的に増大する」（マルサス［a］二三頁）という所説をみちびきだします。ところが、これに対して、食料をはじめとする「生活資料は、等差数列的にしか増大しない」（マルサス［a］二三頁）性質を持っています。人口は二、四、八……と増えるのに対して、食料生産は二、四、六……としか増えませんから、食料の生産は人口の増加においつかないわけです。マルサスは、これは逃れられない法則だと断言します。とすると、何らかの制約がなければ、時間が経つにつれて、食料がなくて飢えた人々が増えてゆくことでしょう。

マルサスにとって、生存の問題は人口と食料生産のギャップから生じるものでした。そして、食料の生産能力に限界がある以上、モラル・エコノミーにもとづく騒擾のように食糧の流通を規制したとしても、あるいはスコットが定式化したように個々の人間や家族が「安全第一」原則にもとづいて行動したとしても、彼（女）たちの生存が長期的に保証されるわけではありません。食料の総量が不足している限り、いくら分配のあり方を改善しても、生存の問題は解決できません。発想の転換が必要です。

　マルサスの所説の意義は、この課題を果たしたことにあります。彼は「社会のもっとも下層の諸階層だけではないが、おもにその諸階層」の「人口の予防的制限」と「積極的制限」（マルサス〔a〕五三頁、五五頁）、つまり、啓蒙活動を展開したり、社会保障の水準をひきさげたりすることによって、産児制限を奨励しようと主張しました。それによってはじめて、人口と食料生産のギャップを埋めることが可能になる、というわけです。でも、産児制限は人間の心性にかかわる微妙な問題ですから、その後の経済学者たちがこの問題を積極的に口にすることはありませんでした。そして、人口の問題をくみこまない経済学は、こと生存の問題については、十分なものではありません。

新自由主義とフェビアン社会主義は貧困のイメージを転換させた

　生存の問題について思考停止状態にあった経済学者が目覚め、生存の問題がふたたび議論の場に登場したのは、一九世紀後半のことです。この動向に影響を与えたのが新自由主義です。[3]

3　なお、ここでいう新自由主義は「ニュー・リベラリズム」の訳語であり、一九八〇年代に英米日などで一世を風靡した、市場メカニズムに全幅の信頼を置き、規制緩和や民営化による小さな政府化を志向する「ネオ・リベラリズム」とは別物です。

一九世紀を通じて支配的だった自由主義は、二つの思想の産物でした。一つは、個人の権利は自然法にもとづくから、社会や公的な権力（政府）や私的な団体によって抑圧されてはならない、と主張する「自然的秩序の理論」（ホブハウス［a］四一頁）です。もう一つは、公益は個人の利益の合計に等しいから、自由放任が望ましい、と主張する功利主義です。こうして、自由主義は個人の次元で全てのものごとを考え、個人と社会や政府や団体とは対立すると考え、また個人の活動を自由放任するよう求めることになります。

でも、ホブハウス（イギリス、一八六四～一九二九）によれば、社会や経済のメカニズムには「個人をこえた何ものか」が含まれています。個人は社会を作り、社会のなかで生活していますから、個人の権利は社会と無関係ではありえません。「真の自由とは当事者間の本質的平等を仮定」（ホブハウス［a］六八頁）しますが、強者と弱者が存在する場合は、前者が後者の自由を侵害する危険があります。

ホブハウスは、個人に自由が認められるのは他人の自由を侵害しない範囲に限られると考え、これを「社会的自由」と呼びます。この社会的自由を擁護するのが新自由主義です。この観点からすると、強者が弱者に何ものかを強制する場合は、政府が介入して弱者の自由を守らなければなりません。公的な介入は自由を抑制するのではなく、擁護するのです。また、個人が「個人をこえた何ものか」を修正や変更したくても、それは個人では不可能ですから、公的な介入に頼らざるをえません。公的な介入は正義の行為なのです。

新自由主義によれば、貧しい民衆は弱者ですから、彼（女）たちの生存を保証するために政府が介入することは、慈善ではなく正義の行為です。こうして、貧困のイメージは「個人的な原因の産物」から「社会的な現象」に転換します。経済学に即していえば、これは市場メカニズムの正統性に対して疑義が呈されたことを意味しています。

ただし、新自由主義にあっては、公的な介入の目的はあくまでも個人の自由を守ることであり、個人は社会の上位に置かれています。その意味で、新自由主義はあくまでも自由主義の枠のなかにあります。「貧しい階層の子弟」が「公正な機会」（グリーン［a］五頁）や「出身階層から……上昇する機会」（グリーン［a］一八四頁）を手に入れるための手段として教育を重視し、政府が教育の機会を万人に保証するよう求めるのは、そのためです。個人が持つ能力が十全に発揮されるためには、教育や福祉といった安全網が公的に保証されていなければならないのです。

生存の問題を復活させた原動力としては、もう一つ、フェビアン社会主義が挙げられます。これは「フェビアン協会」という思想結社に集った人々の考えの総称です。その中心的な存在だったウェッブ夫妻（シドニー・ウェッブ、イギリス、一八五九〜一九四七、ベアトリス・ウェッブ、イギリス、一八五八〜一九四三）が提唱した「ナショナル・ミニマム」という概念は、生存の問題と密接に関わるものでした。

彼（女）たちの基本的な認識は、当時のイギリスは経営者が労働者を雇って働かせる工場の時代にある、というものでした。そして、彼（女）たちは、雇用契約をめぐる交渉では両者が対等な立場にないことを問題にします。交渉が決裂した場合、経営者は多少利益が減るだけなのに対して、労働者は収入がなくなって生存が危うくなります。また、両者の間には、工場にかかわる知識や交渉の技術について、大きな差があります。だから、両者が対等に交渉するには、労働者が組合を組織して集団で交渉に臨むことが必要です。こんな論理を用いて、ウェッブ夫妻は労働組合の必要性をみちびきだします。

その際、労働組合が提示するべき要求としては「人員の制限及び共通規則」（ウェッブ夫妻［a］八五八頁）があります。人員の制限とは、たとえば、特定の資格を持った人だけを雇うことを経営者に認めさせることです。共通規則とは、労働条件や最低賃金について、共通のルールを全ての労働者に適用させることです。

経営者にとっても、こんな要求をうけいれることにはメリットがあります。人員が制限されると、労働条件が改善され、生産性が上がります。共通規則があれば、経営者は生産性の高い労働者を求めますから、やはり生産性が上がります。逆に、これらがなくなり、雇用契約をめぐる交渉が自由化されると、労働者が健康を保つために必要な額の賃金を払おうとしない経営者が出てくるでしょう。ウェッブ夫妻はこれを「寄生的産業」と呼び、産業全体の生産性をひきさげると批判します。

そして、このうち共通規則は、なにも個別の企業や産業に限定される必要はありません。国民全体に適用すれば、国内産業全体の生産性が上がるはずです。国民全体に拡大適用された共通規則を、ウェッブ夫妻は「ナショナル・ミニマム」と呼びます。もちろんそれは、失業者や傷病者や老人や子供といった、働いていない人々にも適用されます。全ての国民を「市民としての実力を有する状態に維持せしむること」（ウェッブ夫妻［a］九四一頁）や、そのために労働条件や賃金のみならず教育や衛生や余暇などの最低水準を法的に定めることが必要なのです。

ウェッブ夫妻は、ナショナル・ミニマムの実現に、国内産業全体の生産性の向上を託します。労働組合は、生産性の観点から肯定されます。低い賃金を強要したり子供や老人を働かせたりすることは、生産性の観点から批判されます。生産性の向上は、経営者にも労働者にも、あるいはそれ以外の全ての国民にもメリットをもたらします。ウェッブ夫妻の目は、個人の自由を重視した新自由主義者とは違って、社会全体の生産性に向けられていました。社会の全体的なあり方を重視するという点で、夫妻たちの思想は自由主義ではなく社会主義と呼ぶにふさわしいものです。

新自由主義とフェビアン社会主義は、ともに、社会や経済のメカニズムといった「個人をこえた何ものか」が存在し、独自の役割や働きや論理や意味を持っていることを強調しました。両者は、やがて来る福祉国家の時代に大きな影響を与えることになります。

『ベヴァリジ報告』は福祉国家の基本的なコンセプトを提示した

「ゆりかごから墓場まで」という言葉があります。このスローガンは、いかなる境遇にある人間でも、生まれてから亡くなるまで生存を保証されなければならない、という「福祉国家」の理念を表現しています。この理念がはじめて体系的に表明されたのは、第二次世界大戦中のイギリスでのことでした。[4] 一九四一年、すでに戦勝を予想した政府は、国民の生存を保証する方法を検討する「社会保険および関連サービスに関する関係各省委員会」を設置します。翌年、委員会は報告書を提出しますが、この報告書は、委員長の名前をとって『ベヴァリジ報告』と呼ばれています。

4　ただし福祉国家と聞いて、一般に連想されるのは、イギリスよりはむしろ北欧諸国、とくにスウェーデンでしょう。実際、この国では、かなり早い時点で福祉国家の理念が生まれています。ただし、それは、スウェーデン社会の独自性におおきく規定されたものでした（石原［a］）。

報告は、民衆を含めた全ての人々の生存を保証することを「社会保障」と呼びます。社会保障が政府の義務になるとき、生存は人々の権利になります。政府にはナショナル・ミニマムを保証する義務がありますが、生存は個人の権利ですから、政府は個人の自発性を損なってはなりません。ここに、報告に対する新自由主義とフェビアン社会主義の影響がみてとれます。

貧困をなくして人々の生存を保証する制度としては様々なものがありますが、報告は包括的で強制的で公的な保険を採用します。保険制度では人々は保険料を払わなければなりませんが、人々は「費用……をみずから支払うことによって、はじめて慈善としてではなくて権利として保証を得ていると いう強い誇りを持つことができる」（ベヴァリジ［a］一八二頁）はずです。なお「包括的」とは全ての成人を対象にし、病気や事故や失業や老齢（退職後）など、収入が減少する原因をすべてカバーすることを意味します。「強制的」とは、成人であれば誰でも保険に加入し、保険料を払わなければならないことを意味します。「公的」とは、政府が保険制度を運営することを意味します。報告は、社会保険はナショナル・ミニマムを保証するのだから、政府も支出すること、保険料も保険金も全員同額であること、保険金を払う際には、受取人の資力ではなく、保険料を払っていたか否かだけが問題になること、を求めました。

ただし、社会保障制度には、社会保険でカバーできない部分がいくつか残っています。未成年者は保険料を払わないから保険金をうけとれません。保険料を払えないほど貧しい人々もいます。ナショナル・ミニマムでは満足できない人々もいることでしょう。報告は、未成年者については、国庫が全額を支出する児童手当制度を創設すること、保険料を払えない人々については、保険料を払えないか否かについて、資力を調査したうえで、国庫が全額を支出する「国民扶助」制度（日本でいえば生活保護）を創設すること、ナショナル・ミニマムで満足できない人々については、民間企業が保険商品を販売するのを認めること、を各々提言します。こうして「ゆりかご（誕生）から、児童手当、社会保険と国民扶助、退職後の社会保険（年金）を経て、墓場（死去）まで」という、個人のライフ・サイクルをすべてカバーする社会保障制度が構想されました。人々の生存権を公的に保証する国家、つまり福祉国家の理念が、ここに体系的かつ具体的に姿を現します。

第4章　政府

4・1　デュピュイ

公共経済学は重要な分野である

貧困の問題は社会に責任があるのか、個人に責任があるのか、議論は分かれています。ただし、社会に責任があるとしても、責任を取るために実際に行動するのは抽象的な「社会」ではありません。それは、一般には、公的な権力（個人に強制する能力）を持った組織の仕事です。こんな組織を「政府」と呼ぶことにします。政府とは、全国的な政府だけではなく、公的な権力を持ったあらゆる組織を指しています。地方自治体が含まれるのは当然だし、公的な権力を保証された半官半民団体なども政府とみなせます。そして、経済の領域にかかわる政府の仕事は、なにも貧困や生存をめぐるものだけに留まりません。景気、資金供給、税制、あるいはインフラストラクチュアの整備といった様々な領域に介入する能力と権力を、今日の政府は持っています。

政府が経済の領域に介入することは、一般に「規制」と呼ばれます。規制をめぐっては、山のように疑問が湧きます。必要なのか。メリットはあるのか。メリットがあるとすれば、それは何か。必要だとすれば、どんなときに必要なのか。どの程度まで介入すれば、どんなメリットがあるのか。逆に、不必要だったり、デメリットがあったりするのは、どんな場合か。政府と市場の関係を分析対象の中心に据え、こんな疑問に答えようとする経済学の分野が「公共経済学」です。

公共経済学はとても重要な分野です。経済学にとって、政府と市場の関係は最大の問題の一つだからです。さらに、一方で自由放任では解決できないような問題が経済の領域に存在するという考えが広まり、他方で自由放任の復活を説く所説が出現し、こうして百家争鳴の状態が生まれている今日、公共経済学はまさにアクチュアルな分野です。

経済学の歴史として見たときに不思議なのは、この公共経済学が一九世紀のフランスで誕生したことです。まず「一九世紀」ですが、一九世紀（とくにその前半）は自由放任のメリットを説く古典派経済学の全盛期だったはずです。自由放任で間に合うはずなのに、なぜ政府と市場の関係に想いをめぐらせる必要があるのか。次に「フランス」ですが、当時の経済学の中心はイギリスでした。経済学の後進国だったフランスで、なぜ公共経済学という重要な分野が生まれたのか。ついでにいうと、公共経済学をうみだした人々は「エンジニア・エコノミスト」と呼ばれています。では、なぜ「エンジニア」という形容詞が付いているのか。

公的な介入の問題が論じられたのは相対的な後進国でのことだった

なぜ一九世紀なのか、なぜフランスなのか、という二つの疑問は、じつは互いに関連しています。公共経済学は、一九世紀だからこそ、そしてフランスのような国だからこそ、誕生したのです。一七世紀のフランスではダメだったでしょうし、一九世紀のイギリスやメキシコでもダメだったでしょう。一九世紀のフランスは世界経済のなかで「相対的な後進国」という位置にあり、公共経済学は相対的な後進国でこそ誕生できました。ちなみに、同じような位置にあった国としては、一九世紀のドイツ、一九世紀後半からの合衆国、一九世紀末からの日本があります。

経済的な面から見て、相対的な後進国の特徴は何か。後進国という以上、生産性や生産システムの面で先進国よりも遅れていなければなりません。一九世紀の先進国といえばイギリスですから、イギリスは相対的な後進国ではありません。また「相対的な」という形容詞は、先進国においつく可能性があることを意味します。この点で植民地はまっさきに排除されます。また、おおきく遅れた国々、たとえば当時のメキシコにも、イギリスに追いつく可能性はありません。遅れてはいるが、努力すればおいつくこと（キャッチ・アップ）ができるという可能性、これが相対的な後進国という地位の特徴をなしています（遅塚［a］）。

もちろん相対的な後進国は、それ以前にもありました。ただし、一八世紀末まで、つまり産業革命が生じる以前は、先進国と相対的な後進国との差は小さいものでした。両者の生産性や生産システムの違いは、産業革命を経て、はじめて明白になります。そして、この差が明らかになることによって、キャッチ・アップの必要性と可能性が人々の脳裏に刻みこまれます。相対的な後進国には、イギリスの植民地になる恐れはありません。でも、イギリスと同じ「世界の工場」になり、先進国の仲間入りをしたければ、産業革命が自生的に始まるのを待つ余裕はありません。時間が経てば経つほど、生産システムの違いにもとづく生産性の格差は広がるかもしれません。とすると、イギリスに追いつくには、強力で公的な権力である政府が主導して産業革命を進めなければなりません。こうして、相対的な後進国では、公的な介入を求める声が、政府の内部だけではなく、産業界からも出ることになりました。

相対的な後進国の例として、一九世紀のフランスとドイツを見てみます。

フランスでは、政府の役割のうち、「幼稚産業」（生産性がまだ高くないため、自由貿易に委ねておくと衰退してしまうが、適切に保護すれば、いずれは国際競争力を持つことが期待できる産業）を保護する関税政策の是非をめぐって、自由貿易支持派と保護貿易支持派の間で激しい論争が起こります。そのせいで政策は動揺を続けますが、一八五〇年代には産業革命がほぼ完了したため、一八六〇年にイギリスとの間で自由貿易条約が結ばれます。

これ以外の政府の役割としては、インフラストラクチュアの整備、イノベーションを担うエンジニアの養成、そして製品市場や原材料の供給地となる植民地の獲得などが論じられます。ただし、これらの点については、政府がその必要性を認識し、ほとんどの国民も政府を支持したため、さほど議論はありませんでした。一九世紀半ばからは、鉄道の建設が進み、工学系の大学や大学院に相当する学校が設置されて技術者が政策的に養成され、北西アフリカの植民地化が進みます。世紀後半に入ると、インドシナ半島をはじめとするアジアへの進出が始まります。

ドイツでは、十分な規模の市場が形成されることを妨げる国内関税が残存していることが問題になりました。なにしろまだドイツは統一国家になっておらず、「邦」と呼ばれる小さな半独立国が並立しているような状態でした。これら諸邦のうちプロイセンは、いち早く国内関税を廃止し、同様の政策を採用することを他の諸邦に働きかけました。その意図は、域内での取引を自由化するとともに関税率を一本化して全ドイツ規模の経済空間を実現し、ドイツ産業の市場を創出することにありました。プロイセンの意図は「ドイツ関税同盟」に結晶し、産業革命の基盤を整備しました。そして一八七〇年代、統一に成功したドイツは、イギリスを脅かす工業国として登場します。

ドイツで保護貿易政策を理論的に支持する役割を果たしたのは「歴史学派」と呼ばれる経済学派でした。その代表的な存在が、相対的な後進国が産業革命を実現するには保護貿易が必要だと主張したリスト（ドイツ、一七八九〜一八四六）です。彼によれば、政府は保護貿易によって自国の産業が成長する時間を稼ぎ、その間にインフラストラクチュアや市場を整備し、産業革命が始まるのを促さなければなりません。

いずれにせよ、イギリスにキャッチ・アップするためには公的な介入が必要だという点では、両国の世論は共通していました。そして、この世論を支えつつ支えられつつ、公的な介入を理論的に正当化するためにフランスで生まれたのが公共経済学でした。

「エンジニア」という職業がフランスには存在する

不思議なことに、フランスには二種類の技術者が存在します。それを反映して、「技術者」に対応する名詞も二つあります。まず、中学校や工業高校を卒業した技術者を意味する「テクニシャン」。そして、大学や、大学以上の難関でフランス独自のエリート養成校である「グランド・エコール」を卒業した技術者を意味する「エンジニア（フランス語読みでは「アンジェニユール」）」。フランスでは、エンジニアは社会的なエリートです。

一九世紀には、エンジニアは（男性の）高級技術官僚を意味していました。彼らの多くは、いまの日本でいえば国土交通省に相当する役所に所属し、橋や道路や運河といったインフラストラクチュアの整備事業を企画実施していました。

エンジニアは官僚ですから、公共事業の必要性を弁護しなければなりません。また、建設予算には限界がありますから、諸々の事業計画に優先順位を付けなければなりません。こんな課題に対応するには、当然ながら経済学の知識が必要です。だから、彼らは単なる技術者ではなく、経済学の素養を持っていました（というよりも、持たざるをえませんでした）。ただし、彼らの経済学は、日々の実践的で現実的な問題に対応するなかで育まれ、また、公共事業をはじめとする様々な公的介入の必要性を証明するという課題を最初から背負わされていたため、古典派経済学とは違ったものになります。

経済活動に対する公的な介入が必要になる状況を「市場の失敗」と呼びます（栗田［a］、西沢他［a］第六章）。その代表的な例は「公共財」です。公共財とは、非排除性（誰でも自由に利用でき、特定の利用者を排除できないこと）と非競合性（複数の利用者が同時に利用できること）を特徴とする財を指します。道路や河川の水などが、その例です。ちょっと前だと、誰でも放牧や草取りに利用できる入会地もありました。財がこんな性質を持っていると、価格が決まりません。ましていわんや料金を徴収するなんて絶望的です。ですから、民間企業が公共財の生産や供給にのりだすことは期待できません。とはいっても道路も河川の水も生活には不可欠ですから、必要なら公的に供給しなければなりません。政府の出番です。

はじめに投下する資本（固定資本）が大きい産業の場合も、市場の失敗が起こります。こんな産業では、需要がかなり多くならないと赤字になります。需要が少ないと、費用が収入を上回ってしまうのです。では供給しなければよいか、といえば、必ずしもそうではありません。産業によっては、赤字であっても、社会全体に利益をもたらしていることがあります。たとえば運河です。運河は膨大な建設費用がかかりますから、その元を取るためには利用料をかなり高く設定しなければなりません。そして、高い利用料を払おうとする利用者の数を考えると、運河が多額の収入をもたらすことは期待できません[1]。でも、運河は周辺の地域に大きな経済効果をもたらしますから、必要なら公的に供給しなければなりません。政府の出番です。

1　生産者の側では、生産量が増えると、品質の悪い原材料を利用しなければならなくなるといった理由で、最後の一財を生産するのに必要な費用（限界費用）は増えます。消費者の側を見ると、入手した財の量が増えると、最後に入手した一財から得られる満足（限界効用）は（飽きてくるので）減ります。ところで限界効用は「その一財について、消費者が払ってもよい最高価格」を、限界費用は「その一財について、生産者が希望する最低価格」を、各々意味します。だから、限界効用が限界費用を上回る限り取引は続きます。両者が一致する点をこえると、生産者の取引希望最低価格（限界費用）が消費者の取引希望最高価格（限界効用）を上回るので、取引が成立しなくなります。限界費用が限界効用に等しくなる点で、生産者と消費者の利益は最大になります。
　ところが、固定資本が大きい場合は、かなりの量を生産（したがって取引）しないと、一単位当たりの財を生産するのに必要な費用（平均費用）が限界費用を上回り、赤字になります。これでは、赤字にならずに限界費用と限界効用が一致することはありえません。

外部経済が期待できる場合も忘れてはいけません。たとえば、交通網が整備されれば、様々な財の需要と供給は迅速に一致するようになります。市場は大きくなり、財の価格は低下しますから、消費者の利益が増します。他の産業にも、経済効果が波及します。こんな性格を持つ財は、費用がいくらかかっても、また必要なら公的に、供給しなければなりません。これまた政府の出番です。

エンジニアは市場の失敗が存在することを証明し、公的な介入の必要性を説きました。ここから公共経済学が始まります。

デュピュイは、のちに「消費者余剰」と呼ばれる概念を体系化した

一〇〇円払ってリンゴを一つ買った場合、このリンゴの効用はいくらになるか。こう質問すると「一〇〇円分に決まっている」という答えが返ってきそうです。でも、ちょっと考えると、「一〇〇円とは安いなあ、儲かった」と思いながら買う人もいるでしょうし、「一〇〇円とは高いなあ、でも仕方がない」と思いながら買う人もいるでしょう。この二人にとって、本当にリンゴの効用は同じ大きさか。一九世紀半ばのフランスで、一人のエンジニアが、こんな疑問から出発し、今日の経済学でいう「余剰」の概念にたどりつきました。彼の名をデュピュイ（フランス、一八〇四〜一八六六）といいます。

市場の失敗をカバーするには公的な介入が必要です。ただし公共事業に投入できる予算は限られていますから、優先順位を付ける必要があります。そのためには、各々の事業のメリットを客観的に測定できる方法と、そのための基準をみつけなければなりません。

メリットを測定する方法については、エンジニアは「費用便益分析」という方法をあみだします。これは、一定の予算しかないのに、遂行しなければならない事業が複数ある場合、各々の事業が必要とするはずの費用とそれが生むはずの利益（便益）とを計算し、その差額を事業毎に比べる、という方法です。もちろん、この差額が大きければ大きいほど、事業の優先順位は高くなります。

費用便益分析は、直感的に、とてもわかりやすい方法です。でも、予想される費用は計算しやすいが、予想される便益を計算するのは難しい、という問題があります。社会的には必要だが赤字になってしまう事業の便益を計算するのはとくに難しい、という問題もあります。こんな問題を解決し、便益を計算する体系的な方法をつくりあげるには、便益を測定する基準になる概念が必要です。リンゴの例に戻ると、リンゴを持つことから得られる便益は、それによってぼくらが感じる満足、つまり効用にほかなりません。問題は効用の大きさを測定するにはどうすればよいかです。

当時のフランスでは、効用は価格で測れるという考え方が支配的でした。一〇〇円のリンゴの効用は一〇〇円分だ、というわけです。でも、デュピュイは「この定義を受け入れ、絶対的なやり方で一般化しようとすると、多くのものの効用の測定において、重大な誤りを犯すことになる」ので「たいていのものは、これとは異なった方法で評価すべき」(デュピュイ［a］四頁) だと主張します。

ある財について、価格が下がると需要は増えます。逆にいえば、需要が増えるとき、価格は下がります。これを一人の人間と一種類の財について考えると、どうなるか。リンゴの例を使い、適当（いい加減）な数値で考えると、一つ目は一五〇円払ってでも欲しいが、二つ目は一〇〇円しか払う気がしないし、三つになると八〇円が限度だ、といった感じです。この例は「たとえ価格が一〇〇円だとしても、払ってもよい価格がいつも一つ一〇〇円だとは限らない」ということを意味しています。リンゴの量が変化すると、個々のリンゴから得られる効用は変わります。「すべての消費された生産物は……それらを用いて満足させる欲求ごとに異なった効用を持つ」(デュピュイ［a］九頁) わけです。そうすると、効用を測定する基準としては、どのリンゴにも適用される実際の価格（一〇〇円）よりも、個々のリンゴを「入手するために……支払ってもよいと考える価格」(デュピュイ［a］七六頁)のほうが適切です。個々のリンゴには各々違った「支払ってもよいと考える価格」がありますが、実際の価格は一つ(一〇〇円)だけですから、ほとんどのリンゴについて二つの価格は異なります。

では、この人はリンゴを何個買うのか。リンゴを買いたいわけですから、一つ目のリンゴに「支払ってもよいと考える価格」は実際の価格よりも高いはずです。買うリンゴの数が増えてゆくと「支払ってもよいと考える価格」は下がります。この価格は、やがて実際の価格に一致し、さらにリンゴの数が増えると実際の価格を下回ります。「支払ってもよい価格」が実際の価格を下回ると、さすがにリンゴを買う気はなくなるでしょう。だから、この人は、二つの価格が一致する量までリンゴを買うはずです。先の例だと、二つ目のリンゴには一〇〇円払ってもよいのですが、三つ目のリンゴには八〇円しか払う気がしなくなるので、リンゴを二つ買うことになります。

個々のリンゴに対して「支払ってもよいと考える価格」が実際の(つまり払わなければならない)価格を上回っている場合、前者から後者を引いた差額は、気分的なものにすぎないかもしれませんが、とにかく一種の儲けになります。この差額をデュピュイは「相対的効用」と呼びます。「相対的効用」は、のちに「消費者余剰」と呼びかえられ、今日に至っています。

消費者余剰には長所と前提条件がある

図4-1のように原点をOとする直交座標を使い、消費者余剰を計算する方法を簡単に説明します。

横軸に財の量、縦軸に価格をとると、消費者の需要曲線は右下がりになります。説明を簡単にするために、需要曲線を直線としておきます。需要曲線が縦軸と交わる点は、ほぼ、最初の一財に対して「支払ってもよいと考える価格」を意味します。この点をDとします。需要と供給が一致して取引が決まったときの価格をF、それに対応する需要の量をHとし、横座標がH、縦座標がFになる点をAとします。Hの量の財を取引して購入するためには「$H \times F$」、図でいえば長方形$OHAF$だけの金額を払わなければなりません。これに対して、「支払ってもよいと考える価格」は需要曲線の高さで表されますから、Hの量の財について、その合計は台形$OHAD$になります。この$OHAD$から$OHAF$を引いた残りの三角形DAFは、個々の財に対して「支払ってもよいと考える価格」から実際に払わなければならない金額を引いた差額の合計額、つまりHの量だけ買ったことから得られる消費者余剰の合計額になります。この合計額が大きければ、消費者が取引から得られる満足、つまり便益は大きいし、小さければ便益も小さい、ということになります。

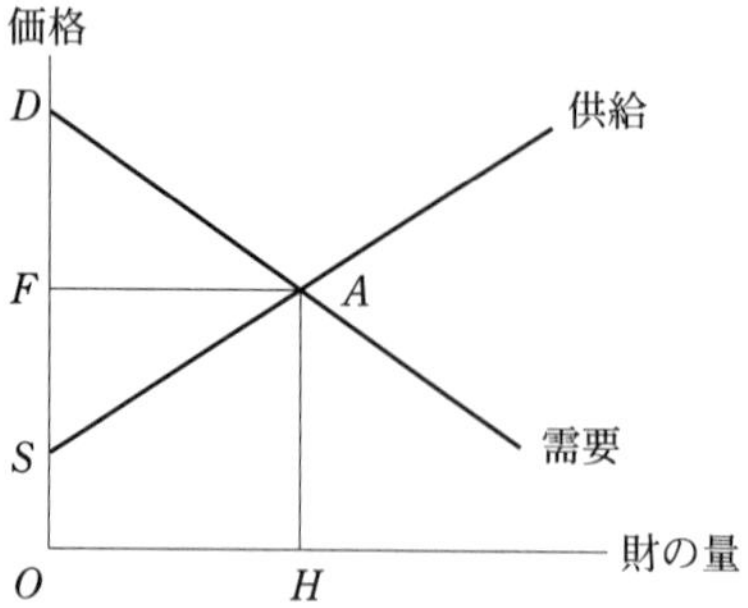

図4－1　余剰

　この消費者余剰は価格で表せるし、数値として計算できます。だから、公共事業が消費者に生む便益を測定する客観的な基準として使えます。[2] 各々の事業の消費者余剰を計算できれば、事業ごとの費用と便益がわかり、費用便益分析によって事業の間に優先順位を付けることができます。

2　消費者余剰を数値として計算するためには、実際の価格、需要曲線、この二つがわからなければなりません。前者は市場価格としてすぐわかるので、問題は後者です。とくに公共事業には沢山の消費者が存在するので、エンジニアにとって、需要曲線の具体的なみちびき方は大問題でした。ちなみにデュピュイは、消費税を微調整すれば、各々の価格に対応する需要の量を算出でき、つまりは需要曲線がみちびきだせる、と主張しています（デュピュイ［a］）。

ただし、消費者余剰という概念を利用して、消費者が取引から得る効用の金額を測定する、という方法は、いくつかの仮定に基づいています。

そもそも「財を買う」とは「自分が持っている貨幣と他人が持っている財を交換する」ことです。貨幣も一つの財なのです。そうすると「すべての消費された生産物は……それらを用いて満足させる欲求ごとに異なった効用を持つ」という、消費者余剰の基本をなす考え方は、貨幣にも適用されなければなりません。

この考え方を貨幣にも適用し、もう一度、購入する財の量を増やしてみましょう。財の量が増えると「支払ってもよいと考える価格」は下がってゆきます。逆に見ると、財の量が増えると手持ちの貨幣の量は減ってゆきますから、貨幣に対して「支払ってもよいと考える価格」は上がってゆきます。取引の大きさによって貨幣の効用が変化してしまうのです。これでは、財に対して「支払ってもよいと考える価格」や消費者余剰について、その金額を正確に測定することは困難です。というわけで、消費者余剰の金額を計算したければ、貨幣に対して「支払ってもよいと考える価格」はつねに一定だと仮定しておかなければなりません。

消費者余剰という概念が基づいている仮定は、それだけではありません。消費者余剰は、ある財から得られる満足（効用）を測定するための基準を探すなかでつくりあげられました。とすると、「消費者余剰の大きさは計算できる」と主張するには「効用の大きさも計算できる」と仮定する必要があります。「効用の大きさは測定できる」と主張するには、基数的効用論を採用する必要があります。消費者余剰という概念は、基数的効用論という仮定に基づいているのです。

こんな仮定に留意する必要はありますが、消費者余剰という概念を導入することによって、公共事業をはじめとする公的な介入の経済効果を分析する公共経済学の礎が築かれます。のみならず、私的な取引についても、その取引が消費者にもたらす便益を計算し、比較する道が開けます。デュピュイをはじめとするエンジニアは、経済学にこんな貢献をしているのです。

4・2　政府をめぐる考察の系譜

サン・シモン派は社会を一つの会社にしようと主張した

相対的な後進国は先進国にキャッチ・アップしなければなりません。ただし、キャッチ・アップの手段は、公的な介入だけではありません。それなのに、なぜフランスのエンジニアたちは公的な介入を選んだのか。もちろん公共事業を推進する技術官僚だったということもありますが、それだけではありません。

自由放任を主張したスミスも、治安と教育と軍事だけは政府の役割として認めました。ただし、これらはあくまでも必要悪でした。ところがフランスでは、経済領域に対して政府が全面的に介入することを（いわば）必要善として肯定する思想家が出現し、エンジニアたちの選択に影響を与える、という事態が起こります。

サン・シモン（フランス、一七六〇～一八二五）によれば、人間の目標は、かつては征服でしたが、今日では「平和的な仕事によって繁栄すること」（サン・シモン［a］一二二頁）にあります。政府のあり方も、それに伴って変化しなければなりません。征服を最大の目的とする社会なら、政府を担い、社会で上位を占めるのは、軍事に専念する人々でしょう。でも、労働による繁栄を重視する社会で最高の位置を占めるのは「産業者」でなければなりません。産業者は「社会のさまざまな成員たちの物資的欲求や嗜好をみたさせる一つないしいくつかの物的手段を生産したり、それらを彼らの手に入れさせるために働いている人たち」（サン・シモン［a］一〇頁）を意味し、具体的には、農民、職人、商人、雇われて働いている労働者、つまり働く人々を指しています。

ただし、全人口の九割以上を占める産業者の全員が政治のあらゆる側面を担うのは無理です。サン・シモンにとって重要なのは「最も重要な産業者たちに公共財産の管理を指導する役目、つまり予算を作成する役目をまかせること」（サン・シモン［a］一五頁）でした。「最も重要な産業者たち」とは、たぶん経営者を指しています。彼（女）たちは「実際の管理において最大の能力がある」し、そのことは彼（女）たちが「自分の企業で収めた成功」（サン・シモン［a］一四頁）を見ればわかるだろう、というわけです。

「最も重要な産業者」が担う政治は「契約当事者の諸利害を調停する方策にしか従わない」（サン・シモン［a］三七頁）という原理に則った政治、つまり利益政治という性格を帯びます。また「もろもろの特権や生まれの家柄による権利をひどく嫌う」（サン・シモン［a］三七頁）というメリットクラシーの色彩を帯びます。

能力にもとづいて選ばれた人々が利益を重視しながらおこなう政治というのは、権力を利用した統治というよりは、むしろ会社の経営に似ています。サン・シモンは「統治の行為はもはや第二次的な行為でしかあってはならない」（サン・シモン［a］二〇五頁）といいきり、経営者が政治を担うことを期待します。彼にとって理想の政治は一種の経営であり、理想の社会は一種の会社でした。会社になった社会では、政治を担当する経営者が、経営になった政治を担います。そこでは、当然の帰結として、平和と繁栄を目指して政府が経済の領域に介入します。そして、政治や社会についてサン・シモンが示したビジョンは、経営者やエンジニアを中心に、一定の支持者を獲得してゆきます。

マーシャルは余剰の概念を拡張した

デュピュイは、消費者余剰（相対的効用）という概念を駆使して、公共経済学の体系化を進めました。でも、取引をするという点では、生産者も消費者と同じです。では、生産者は取引から余剰を得ないのか、生産者の余剰について考える必要はないのか。こんな疑問にもとづいて余剰の概念を拡張したのがマーシャルです。

彼は「その財をなしで済ませるよりは進んで払う価格が実際に払われる価格を超過する金額」を「経済的な尺度」とする「余剰満足」（マーシャル［a］第一巻一八三頁）を「消費者余剰」と呼びます。これは明らかにデュピュイがいう「相対的効用」です。

そのうえで、マーシャルは余剰の考え方を生産者にも適用します。価格が上がれば供給は増えます。この関係は、生産者の側から見ると、生産という仕事は嫌だが、それを上回るだけの収入が見込めれば生産し供給するつもりがある、また、生産量が増すにつれて嫌な程度は増えてゆく、ということです。需要と供給が一致し、取引がなされる場合、取引される財の量に相当する価格で全ての財が取引されると、財の各々について、価格は生産がもたらす嫌な程度と同じか、あるいは上回ります。上回った部分は生産者の「生産者余剰」になります。[3]

3　マーシャルは「もしある仕事に対して支払われる価格が、もっとも厭な部分を遂行させるのに十分なだけの報酬であるとすれば、そしてもし一般にそうであるように、厭な程度のより少ない……仕事の部分に対しても、同額の支払いが行われるとすれば、そんな部分からは生産者余剰が得られる」（マーシャル［a］第二巻六頁）と述べています。

ここで**図4－1**をおもいだし、生産者余剰を計算する方法を簡単に確認しましょう（マーシャル［a］第三巻二九五頁）。横軸に財の量、縦軸に価格をとると、生産者の供給曲線は右上がりになります[4]。説明を簡単にするために、供給曲線を直線にしておきます。供給曲線が縦軸と交わる点は、ほぼ最初の一財を生産することがもたらす嫌な程度を意味します。この点をSとします。需要と供給が一致して取引が決まったときの価格をF、それに対応する供給の量をHとし、横座標がH、縦座標がFになる点をAとします。そうすると、Hの量の財を取引すると「$H \times F$」、図でいえば長方形$OHAF$だけの金額を得ることになります。これに対して、嫌な程度は供給曲線の高さで表されますから、Hの量の財について、その合計は台形$OHAS$になります。$OHAF$から$OHAS$を引いた残りの三角形SAFは、個々の財を取引して実際に得た金額から嫌な程度を引いた差額の合計額、つまりHの量だけ売ったことから得られる生産者余剰の合計額になります。この合計額が大きければ、生産者が取引から得られる満足、つまり便益は大きいし、小さければ便益も小さい、ということになります。

4　正確にいえば、この説明は、内部経済や外部経済は一定で、生産量によって変化しない、という前提に基づいています。

こうしてマーシャルは取引が生産者にも余剰をもたらし、つまり消費者にも生産者にもメリットになることを明らかにします。さらに彼は、二つの余剰という概念を用いて、公的な介入の経済的な効果を分析します。彼によって拡張された余剰の概念は、公共事業を評価し比較するのみならず、様々な公的な介入の当否を測定する際のツールとして用いられることになります。

ロシア革命は政府の経済運営能力をめぐる論争をひきおこした

二〇世紀に入ると、社会主義国の出現が現実味を帯びてきました。社会主義が実現して資本財が共有化されれば、それを含めた全ての財が私有物として自由に取引されることを基本的な前提とする市場メカニズムは十分に機能しなくなる可能性が生じます。政府が経済を運営管理するシステムが必要になる、かもしれません。

一九一七年のロシア革命は、経済学者たちに、そもそも市場が存在しなくても経済活動はなりたつのか、いいかえれば政府に経済を運営する能力はあるのか、という問題をつきつけました。やがて、この問題をめぐって、多くの経済学者をまきこんだ論争が勃発します。この論争は「社会主義経済計算論争」と呼ばれています。

ミーゼス（オーストリア、一八八一～一九七三）によれば、経済システムがちゃんと再生産されるには、財が効率的に利用されることが必要です。市場メカニズムが働く社会では、資本財を含めた全ての財は私有物であり、市場で価格が付けられています。人々は、この価格を目安にしながら、各々の財について、どれくらいの量を生産または消費すればよいかを計算し、決定します。これを「経済計算」と呼びます。正確な経済計算ができれば、全ての財の需要と供給が一致し、効率的に財が利用されます。逆にいえば「自由市場の存在しないところに価格機構なく、価格機構なくしては経済計算はあり得ない」（ミーゼス［a］一二三頁）ことになります。効率的に財を利用し、経済システムをちゃんと再生産させるには、正しい経済計算が必要です。正しい経済計算をするには、目安としての価格が必要です。そして、価格について正しい情報が存在するためには、全ての財を自由に取引できる市場が必要です。

ところが、社会主義国では、資本財が共有化されますから、その市場がありません。とすると価格について正しい情報が得られず、とすると正しい経済計算ができず、とすると財が効率的に利用されず、とすると経済システムがちゃんと再生産されなくなる、はずです。

こうしてミーゼスは政府の経済運営能力に疑問をつきつけます。政府が市場の代わりを務めることはできません。合理的な生産や消費がなされるためには、どうしても市場が必要です。政府は経済の領域に介入できるかもしれませんが、それは市場が完全に存在し、機能している限りでのことです。5

5　もちろん資本財が共有化されたからといって、絶対に価格を付けられないというわけではありません。たとえば、投下労働価値説を採用すれば、資本財の価格はそれを生産するために働く労働者に払われる賃金の総額に等しいので、資本財市場がなくても価格は決定できます。でも、ミーゼスによれば、投下労働価値説は労働者の能力の差を考慮に入れないので、正しくありません（ミーゼス［a］一二四〜一二八頁）。

ミーゼスとは逆に、政府の経済運営能力を信頼し、社会主義を擁護する立場から論争に参加した経済学者としては、ランゲ（ポーランド、一九〇四～一九六五）が挙げられます。彼によれば、資本財が共有化された社会でも、合理的に財を利用し、経済システムをちゃんと再生産させることはできます。まず、経験でも何でもいいから、とりあえず何らかの根拠にもとづいて、資本財の価格を設定します。その価格を目安にして、需要と供給の量が決まります。決まったら、在庫の状態を確認します。当初の価格が高すぎれば、財は余っているに違いありません。そのときは価格を下げます。当初の価格が低すぎれば、財は不足しているに違いありません。そのときは価格を上げます。こんな「試行錯誤」をくりかえせば、いずれ需要と供給を一致させるような価格が発見できるはずです。この価格で取引された財は効率的に利用され、経済システムはちゃんと再生産されてゆくはずです。

よく見ると、この過程は「全く競争市場におけるものと類似的」（ランゲ［a］九七頁）です。市場経済でも、生産者は財の価格を見て供給する量を決め、消費者は財の価格を見て需要する量を決めます。供給と需要の量がくいちがっていれば価格が変化し、それによって需要と供給の量が調整されます。これも一種の「試行錯誤」といえます。効率的に財を利用し、経済システムをちゃんと再生産させるために、政府は市場と同じメカニズムを利用できます。政府は市場の機能を代行できるわけです。

こうして、ランゲは（理論上は）政府は十分な経済運営能力を持っていることを明らかにしました。社会主義経済計算論争はランゲたちの優勢のうちに終わります。ただし、社会主義のもとで円滑な経済運営は可能であることが理論的に明らかになったからといって、現実に社会主義国の政府が円滑な経済運営に成功したというわけではありません。そのことは歴史が証明しています。

公共選択論は政府の膨張を批判的に分析した

政府の経済運営能力が問われたのは社会主義国に特有の現象だったか、といえば、そうではありません。財の正しい分配をめぐって議論が続く限り、政府は経済の領域に介入せざるをえません。おまけに「全ての人間は、生存し、のみならず人間らしい生活をおくる権利を持つ」という思想が普及するにつれて、市場経済を採用する諸国でも政府の規模や役割が拡大します。

政府の規模や役割が拡大することをはじめて指摘したのはワグナー（ドイツ、一八三五〜一九一七）です。彼によれば、人々の生活が発展すれば、政府の活動は、司法、警察、外交、軍事といった、治安の領域に留まっているわけにはゆかなくなります。公衆衛生、社会福祉、公益事業、さらには教育といった「文化並に民福の増進」（ワグナー［a］上巻二三頁）にかかわる領域もまた、政府が担当することになります。この傾向を「経費膨張の法則」と呼びます。

第二次世界大戦を経ると、ピーコック（イギリス、一九二二〜）とワイズマン（イギリス、一九一九〜一九九一）が、イギリスを例に、財政の規模は階段状に拡大していることを明らかにしました。彼らによれば、この断続的な拡大は社会的な混乱、とくに戦争によってひきおこされます。社会的な混乱が収まっても、財政の規模は元の大きさには戻りません。この過程は不可逆的であり、いったん政府が担った仕事は民間の領域にほとんど戻ってきません。財政の規模は政治的に決定されるため、平時には安定的ですが、有事には拡大し、ふたたび平時になると新しい規模で安定するからです。このメカニズムを「転移効果」(ピーコック他［a］二六頁)と呼びます。

ただし、ワグナーにせよピーコックたちにせよ、政府の規模や役割が拡大するメカニズムを理論的に明らかにしたわけではありません。なぜ政府は膨張しつづけるのかという問題は、未解決のままに残されました。この問題にとりくみ、公共選択論という分野を開拓したのがブキャナン(合衆国、一九一九〜)です。

彼は、政府が意思決定をする際に働くメカニズムに着目します。通常、この問題は政治学の研究対象とされています。政治学では、政府は公共の利益をみたすことを目指して意思決定をおこなう、といった考えが支配的です。でも、公共の利益とは何か。意思決定の際には、どんなルールが、どんな過程で選ばれるのか。こんな疑問を持った彼は、政府の意思決定つまり「公共選択」の分析に経済学を利用することをおもいつきます。

政府ではなく、政府を構成する個々のメンバーが本当は意思決定を担う、と考えてみましょう。こんな考え方を「方法論的個人主義」と呼びます。彼(女)たちの目的は自分の利益を最大にすることであり、彼(女)たちはこの目的を実現するために合理的に行動する、と考えれば、公共の利益という曖昧な概念に頼る必要はなくなります。

ブキャナンによれば「単純多数決による共同行為の組織は……公共部門における相対的過剰投資をもたらしがち」(ブキャナン他［a］二三〇頁)です。多数決という意思決定ルールが採用されている場合、多数派は税金を少数派に負担させられますから、自分の利益となる公共事業をすべて実施することを望むし、また実施できます。一般に政治の領域では多数決ルールが採用されていますから、公共事業は必要以上に実施される傾向にあるし、それを担う政府は膨張する傾向にあるわけです。公共事業が有権者を利する限り、彼（女）たちの意向を無視できない政治家が政府の膨張を支持するのは当然です。

でも、こんな動機にもとづく公共事業は、資源の浪費をもたらす「過剰投資」にほかなりません。政府が経済の領域に介入すると、必ず様々な非効率が生じます。この非効率を「政府の失敗」と呼びます。こうして、市場経済のもとでの政府の経済運営能力にも疑問符が付けられます。

では、人々が自分の利益を最大にすることを目指して参加し、活動する場として政府を捉える、という公共選択論の仮定をつきつめてみましょう（ウィットマン［a］）。自分の利益を最大にしようとする個人からなるという点で、政府と市場は同じです。いいかえれば、政府は一種の市場とみなせます。こうして、論理的に考えると、公共選択論は「市場が効率的なら政府も効率的だ」という結論にゆきつくことになります。実際、ぼくらは、それなりの情報にもとづいて政治家を選んでいるし、連続当選したければ政治家も無茶はできないだろうし、圧力団体だって有権者から政治家に情報を効率的に伝達する装置とみなせます。そう考えると、「政府は失敗する」と批判しさえすればよい、というわけにはゆきません。問題はそれほど単純ではなさそうです。

ハイエクは、市場のメリットは効率性だけではないと主張した

かたや市場の失敗、かたや政府の失敗。社会主義経済計算論争のなかで、ランゲたちは前者を強調し、ミーゼスたちは後者を重視しました。ただし、市場なり政府なりが失敗しているか否かを図る基準を経済システムの効率性に置く点で、両者は共通しています。いいかえれば、両者はともに、財の利用を効率的にし、経済システムをちゃんと再生産させることが市場の基本的な役割だ、と考えていました（西部［a］）。でも、市場の役割は本当にそれだけなのか。この疑問は、ランゲたち優勢のうちに社会主義経済計算論争が（とりあえず）終わったあとも、一部の経済学者の心のなかにくすぶりつづけます。その代表的な存在がハイエク（オーストリア、一八九九〜一九九二）です。

社会主義経済計算論争に際して、ハイエクはミーゼスとともに社会主義批判の先頭に立ちました。まず、彼は「資本財が共有されていると財は効率的に利用されない」というミーゼスの判断を支持します。ただし、「試行錯誤」という方法を利用すればよいというランゲの所説は無視できません。ハイエクはまず、財の取引にかかわる情報の量は膨大だから、試行錯誤は実行不可能だと主張し、ランゲに反駁します。でも、これだと、試行錯誤は論理的には可能だと認めることになり、批判としては不十分です。そのことを認識してか、ハイエクは、なぜ取引にかかわる情報の量は膨大なものになるのか、膨大な量の情報を処理している市場の性質はどう捉えればよいのか、といった問題を考えはじめます。

彼によれば、取引にかかわる情報の量が膨大になるのは、取引に携わる人々の目的が多様であり、

また刻々と変化しているからです。現実の取引は「同一の条件の下で二度観察されることが決してありえない複雑な現象」（ハイエク［a］一七二頁）であり、そこでは不断の変化が原則です。

こんな取引がなされる市場の性格やメリットについて思索するうちに、ハイエクは、人間、知識をはじめとする情報、市場、政府の役割、といった概念を再検討することになります。彼によれば、個人としての人間が持っている知識は各々異なるし、不完全だし、時間とともに変化します。人間は非合理的で誤りを犯しやすい存在です。経済学の課題は、こんな性格を持つ個人が資源をもっともよく利用するにはどうすればよいかという問題に答えることです。

すべて個人は不完全な情報しか持っていないのであれば、自分が持っている財をもっとも有効に活用できるのは本人です。だから、できるかぎり一人一人に自由を認め、意思決定を委ねることが必要です。個人は、他人をはじめとする環境と自分の知識や情報とをつきあわせながら、たえず財の取引にかかわる意思決定を下します。この過程で「様々な個人による新しい知識の獲得」（ハイエク［a］一二九頁）がなされます。

では、個人が自由な意思決定をするのに最適な場は何か、といえば、それは市場です。市場とは「部分的な知識しか持っていない多くの人々の間の相互作用」（ハイエク［a］一二四頁）の場であり、個人が試行錯誤するなかで誤りを修正するというダイナミックなプロセスが展開される場です。市場のメリットは、効率的な経済システムを実現することではなく、むしろ、こんなプロセスを可能にする余地を持っていることにあります。そして、そこでは自生的に秩序が誕生してゆきます。とすれば、政府の仕事は人々を平等に扱うこと以外にはありません。

こう市場を定義するハイエクは、社会主義だけではなく、経済システムの効率性にこだわる経済学者も批判するようになります。[6] ただし、彼の所説の独自性が十分に理解されたか、といえば、かなり疑問が残ります。むしろそれは、政府の役割を否定的に評価し、市場の意義を強調するためのレトリックとして、一部の経済学者に利用されてゆきます。

6　ハイエクは、限界革命を経て出現する新古典派経済学の中枢をなす「完全競争の理論」を「競争の名にほとんど値しない」（ハイエク［a］一二七頁）と酷評します。それは、完全競争の理論が「効率的な経済システムを実現する価格や取引量がもたらされるはずの場」として市場を捉え、市場の持つダイナミクスを見失っているからです。

たとえば、一九八〇年代の英米で経済政策に大きな影響力を行使したフリードマン（合衆国、一九一二〜）は、「自然発生的な秩序」といったハイエクを思い起こさせる言葉や、のみならずハイエクの名前そのものをちりばめつつ、市場は政府に対して圧倒的な優位に立つと主張します。ただし、彼が考える「自由市場体制」（フリードマン他［a］三二八頁）のメリットとは、経済的な繁栄を実現すること、つまり効率的な経済システムを可能にすることです。市場の基本的な機能を「新しい知識の獲得」に見出すというハイエクの問題提起を十分に検討した痕跡はみられません。

コースやジェイコブズは、あらためて政府と市場の関係を考えた

結局、政府の失敗だけを強調するのも、市場の失敗だけを批判するのも、どちらも十分ではありません。では、両者はどんな関係にあり、またどんな関係にあればよいのか。

この点を考えるうえで示唆的なのは、コース（イギリス、一九一〇〜）の所説です。いま、畑と牧草地が隣りあい、牧草地に放牧された肉牛がしばしば畑に侵入して作物を食べてしまうとします。牧草地を持つ牧畜業者と畑を持つ農民は、どう行動すればよいのか。

コースは二つの場合を考え、比較します。まず、肉牛が作物に損害を与えていることはたしかだから、牧畜業者が賠償責任を負う、という場合です。このとき牧畜業者は、損害賠償額（たとえば一頭につき三万円）を費用の一部に入れて、生産する牛肉の価格を計算します。これと逆に、肉牛に畑を荒らされるよりはお金（たとえば一頭につき三万円）を払って肉牛の数を減らしてもらおう、と農民が考える場合もあります。このとき「牧畜業者は、牧畜を続け農作物に被害を与え続ければこの額をもらえないことになるので、この額は牧畜を続けることの費用となる」（コース［a］一六頁）ので、牧畜業者はこの額を考慮に入れて牛肉の価格を計算します。そうすると、牧畜業者が農民に賠償する場合も、農民が牧畜業者にお金を払う場合も、牛肉を生産する費用は変わりません。経済学の観点からすると、牧畜業者が損害賠償を払っても受けとっても、事態は変わりません。これを「コースの定理」と呼びます。

常識的に考えれば、加害者は被害者に迷惑料を払うべきです。迷惑を避けるために被害者が加害者

にお金を払うというのは、世間の常識に反する気がします。でも、コースの定理によると、経済学的には、つまり市場メカニズムを通して考えると、どちらも結果は同じです。どちらを選択するかは、経済的でない基準にもとづき、市場以外のメカニズムを通じて、決めなければなりません。こんなとき市場は役に立ちません。とすると、残るのは人々による自発的なとりきめか、それでもダメなら政府です。市場なら、効率的な経済メカニズムを実現できます。政府なら、人々が常識的だと感じるような決定を下せます。市場と政府は違った役割を持っているし、果たせるし、また、果たさなければなりません。

市場と政府の役割については、ジェイコブズ（合衆国、一九一六〜）も興味深い所説を展開しています。彼女によると、政府を運営する際に必要な統治の倫理と、取引をする際に必要な市場の倫理は、互いにまったく異なり、混ぜて用いることはできません（ジェイコブズ［a］）。でも、どちらも有効であり、必要であることに違いはありません。だから、日常生活を送るに際しては、どちらを利用するかを適切に判断し、両方ともに適切に利用しなければなりません。たしかに、そうです。

第5章　効用

5・1　限界革命三人組

なんたって「新古典派」経済学の誕生である

経済学を少しでもかじったことがある人なら「新古典派」という言葉を聞いたことがあると思います。新古典派とは「新しい正統派」を意味しています。なぜ「新しい」という形容詞が必要か、というと、かつては「古典派」という正統派が存在していたので、それと区別しなければならないからです。

新古典派経済学は、三人の経済学者が（おそらく偶然に）各々独立に新しい経済学を体系化し、提示したときに誕生しました。その後、この体系は多くの経済学者に支持され、正統派とみなされるようになりました。今日に至るまで「新・新古典派」と呼ばれる学派は誕生していませんから、いまでも新古典派は経済学界で正統派の地位にあるといえます。そして、新古典派経済学の誕生を画した出来事は「限界革命」と呼ばれています。

なぜ「革命」なのかというと、経済学者の「ものの見方」を変えるパラダイム・シフトだったからです。ちなみに、経済学の歴史にはいくつかのパラダイム・シフトがありますが、そのうちで大切なのは次の三つだとぼくは思っています。まず、経済システムの再生産メカニズムを体系的に捉え、経済学を固有の学問領域として独立させた「古典派革命」。次に、新古典派経済学を生んだ限界革命。そして、マクロ経済という新しい研究対象を提示し、経済政策の分析を発展させた「ケインズ革命」です。人によっては、マルクス派経済学の成立と社会主義国の実現が大切だとか、経済システムの再生産メカニズムを発見したのは重農主義者だとかいうかもしれませんが、いずれにせよ、この三つの革命が大切だという点には、さほど異論はないはずです。

限界革命を実現したのは、ジェヴォンズ（イギリス、一八三五〜一八八二）、ワルラス（フランス、一八三四〜一九一〇）、メンガー（オーストリア、一八四〇〜一九二一）の三人です。彼らを「限界革命三人組」と呼んでおきましょう。三人組が提示した所説は、当然のことながら、互いに微妙に違います。ただし大切なのは、新しい経済学の根幹をなすべき原理として、三人そろって「限界効用逓減の法則」を採用したことです。限界革命三人組の新しさは、この法則をもとにして経済システムを説明しようと試みたことと、社会全体として安定した状態、各々の個人にとって好ましい状態、この二つの状態の関係について考察したことにあります。

ただし「本当に限界効用はだんだん減るのか」という問題は、理論的に説明したり証明したりできるものではありません。これは経済学が立脚しなければならない当然の前提とみなされ、数学でいう公理の位置を占めています。証明できない前提を根幹に据えている点では、新古典派経済学もまた一種の「ものの見方」です。そして、「ものの見方」である限り、それは成立時の様々な時代状況を反映しているはずです。

限界革命は大企業の時代への移行期の産物だった、のかもしれない

ワルラスやジェヴォンズが新古典派経済学の基本的なコンセプトをおもいついたのは一八六〇年代だったそうですが、彼らにせよ、残るメンガーにせよ、自らの所説を体系化して発表したのは一八七〇年代のことでした

この時代には、重工業や化学工業などで、急速なイノベーションが進みます。かつて一八世紀のイギリスで始まった産業革命の中心は繊維産業でしたが、この産業では、大きな機械や装置が不要だったため、小規模な生産者も新しい技術を導入できました。一九世紀前半も依然としてものつくり経済が広がっていたのは、そのためです。これに対して「第二次産業革命」とも呼ばれる今度のイノベーションは、装置産業の分野で進みます。装置産業では巨額の初期設備投資が必要であり、また、作れ

ば作るほど安くできるという「規模の経済」が働きます。そのため、技術を革新したり新しい技術を導入したりするためには、生産ひいては経営の規模を拡大することが必要になります。

さらに、一八七三年にはウイーンで経済危機が発生し、ただちに欧米諸国に広まります。これは、長い不況が始まり、いつまでたっても物が売れなくなることを告げていました。この通称「大不況」は二〇年以上も続き、世界各国に経済的のみならず社会的政治的な影響を与えることになります。そして、この大不況に対応するため、各国では様々な試みがなされました。ドイツでは、生産量や価格をめぐって同業種の企業が協定を結ぶ「カルテル」が広まります。合衆国では、同業他社の経営権の獲得（トラスト）という手段によって、巨大な企業が出現し、経済の独占化が進みます。フランスでは、大規模な公共事業が始まり、国家と経済の関係が緊密化します。

限界革命三人組が見ていたのは、大不況のもとで、大企業が経済を支配しはじめている光景でした。これは、それまでものつくり経済を支えていた小生産者にとっては、逆境の時代が来たことを意味します。巨額の設備投資をしたり大企業と競争したりすることは、彼（女）たちにとっては、ほとんど不可能です。こうして、自らものを作る人々は姿を消してゆきます。具体的にものをつくる活動は、影が薄くなってゆきます。大企業を構成しているのは、他人のために働く労働者と、自分は働かない資本家だからです。

こんな状況は、人々の経済の見方にも影響を与えるに違いありません。

自分でものを作る人は、その価値は「生産に要した労働時間」といった客観的な基準を使って測定できると感じるはずです。独りで日本人形をコツコツ作る職人であれば、「作るのに二日間かかった人形と六日間かかった人形とでは、あとの人形のほうが三倍の価値を持っている」と思うのではないでしょうか。ものつくり経済は、投下労働価値説をはじめとする「価値には客観的な裏づけと基準がある」という所説と親和的です。

これに対して、自分が何を作っているのかよくわからない労働者や、生産の現場から離れてしまった資本家にとっては、生産された財の価値を客観的に測定するのは困難です。彼（女）たちが財の価値を測るための基準としておもいつくのは、むしろ「その財を持つことによってどれくらい満足できるか」という主観的な満足（効用）でしょう。

ものつくり経済の時代には、財は客観的に測定できる裏付けがある価値を持つとみなされました。でも、大企業の時代になると、財は客観的な裏付けのない主観的な効用を持つとみなされるようになります。これは、財の見方がかわったこと、つまり一種のパラダイム・シフトがおこったことを意味しています（広井［a］）。

さらにまた、限界革命三人組の一人ワルラスの生涯と思想を見てみると、興味深いことがわかります。彼は「完全競争」と呼ばれる状態がもっとも望ましいと主張します。完全競争とは、文字通り「競争」の状態が「完全」であるような事態ですが、この場合「取引の当事者が価格を左右できず、そのため、与えられた（所与の）価格にもとづいて生産や売買や消費の計画を立てなければならない」ことになります。経済の実態に即すと、これは、市場に参加する生産者が価格決定力を持たないほどの規模で、また互いに「対等な権利を持って市場に参加する」（御崎［a］四七頁）世界、つまり中小企業や職人が担うものつくり経済の世界を意味します。もちろん実際には、一八七〇年代には大企業の時代が始まっていました。ワルラスが完全競争の重要性を強調したのは、一つには、この傾向を批判するためでした。彼は「科学的で自由で、かつ人道主義的な社会主義」（ワルラス［a］一八五頁）の徒を自称しましたが、これは彼が現状を批判する精神を持っていたことを示唆しています。社会主義者を自称したワルラスが創始した新古典派経済学が社会主義を批判する有力な武器になったのは、歴史の皮肉というべきかもしれませんが。

ジェヴォンズは限界効用逓減の法則を活用した

「本書において、私は経済学を快楽および苦痛の微積分学として取り扱わんと試み、従来の意見をほとんど無視して、経済学が窮極において採らなくてはならないと想定される形態を略述した」（ジェヴォンズ［a］「第一版への序文」）というジェヴォンズの言葉こそ、限界革命のマニフェストです。彼によれば、それまで経済学者は文章に頼って分析を進めていましたが、これからは数学を用いた「微積分学」を営まなければなりません。また、それまで経済学は財の価値の基準として労働を重視してきましたが、これからは「快楽および苦痛」つまり効用を価値の基準にしなければなりません。ここには、それまで経済学の主流をなしていた古典派と断絶しようとする意志が明確に表れています。そのうえで彼は「快楽を極大化ならしめることが経済学の問題である」（ジェヴォンズ［a］二九頁）と断言します。

財の価値の基準を投下労働ではなく効用に求める立場そのものは、以前からありました。スミスからマルサスにうけつがれた支配労働価値説もその一つです。ジェヴォンズの新しさはその先、つまり「最終効用度は、経済学の理論の軸である」（ジェヴォンズ［a］四〇頁）と主張したことにあります。「最終効用度」とは最後に増えたり減ったりした財から得られる効用、つまり限界効用のことです。それは「貨物の量と共に変動し、窮極的にはその量の増加すると共に減少する」（ジェヴォンズ［a］四一頁）性質を持っています。これは限界効用逓減の法則にほかなりません。

　この法則を前提にすると、どう財を取引すれば効用が最大になるのか（以下の式については、**数式表5－1**を参照）。ジェヴォンズは二者が二財を取引する場合を考え、両者の効用を最大にする交換比率と取引量は決められると主張します。交換の比率は一種の価格ですから、彼によれば効用を最大にする価格と取引量を決める方法があるわけです。

　彼は「同一公開市場においては同一瞬間には同種の貨物に対して二価はありえない」と仮定し、これを「無差別の法則」（ジェヴォンズ［a］七〇頁）と呼びます。そうすると、どんな場合でも二つの財は同じ比率で交換されますから、最後の取引の交換比率は全体の取引の交換比率と同じになります。[1] 最後に取引される財の量をdを付けて表すと、XとYという二つの財について、無差別の法則は**式1**で表せます。

式1：$dX/dY=X/Y$

式2：$U_1(a-x)\cdot dA$

式3：$V_1(y)\cdot dB$

式4：$U_1(a-x)\cdot dA=V_1(y)\cdot dB$

式5：$dA/dB=x/y$

式6：$U_1(a-x)\cdot x=V_1(y)\cdot y$

式7：$U_2(x)\cdot x=V_2(b-y)\cdot y$

数式表　5－1

1　無差別の法則は何を意味するのか。交換比率とは相対的な価格ですから、法則は「取引される全ての財は、最後の取引の相対価格で取引される」ことを意味しています。最後に取引される財の量を限りなく小さくしてゆくと、最後の取引の相対価格は限界効用の比率、つまり均衡点での価格になります。でも、よく考えてみると、取引の当事者が合意する相対価格は、取引の場面によって異なるはずです。とすると、無差別の法則を「どんな量が取引される場合でも相対価格は変わらない」と読むには無理があります。むしろ、この法則は「まず、取引される財を手元に置いたままで、取引相手と知恵を出しあって均衡点での価格を計算する、次に、その価格で実際に全ての財を交換する」という二段階の過程として取引を捉えている、と理解したほうがよいでしょう。

さて、S氏とT氏がA財とB財を取引する場合を考えます（ジェヴォンズ［a］七三〜七六頁）。S氏にとって最後に取引されたA財の効用をU_1とし、最後に取引されたB財の効用をV_1とします。T氏にとって最後に取引されたA財の効用をU_2とし、最後に取引されたB財の効用をV_2とします。なおUとVの大きさはその財が何番目のものかによって決まりますから、うしろにカッコを付け、そのなかに財の番号を表記しておきます。取引が始まる前にはS氏はA財だけをa単位（たとえばa個）、T氏はB財だけをb単位持っているとします。

まず、取引の過程でS氏の効用がどうなるかを考えます。限界効用はだんだん減りますから、取引がおこなわれるということは、最初は、A財を手放すことによって失う効用よりもB財を入手することによって得る効用のほうが大きい、ということを意味します。そして、この取引は「A財を手放すことによって失う効用」が「B財を入手することによって得る効用」とイコールになるまで、つまり、最後に取引された財の効用と量をかけあわせたものが二つの財について同じになるまで続きます。これ以上取引を続けるとA財とB財の双方を持っていることから得られる合計の効用は減りますから、これがS氏にとって効用を最大にする点になります。このときx単位のA財とy単位のB財が交換されたとすると、最後に取引されたA財の効用と量dAをかけあわせたものは**式**2になります。最後に取引されたB財の効用と量dBをかけあわせたものは**式**3になります。この二つの式は等しいので、等号で結ぶと**式**4ができます。この場合、無差別の法則を表す**式**1は**式**5のように書きかえられますから、これを**式**4に代入すると**式**6ができます。T氏についても、同様な手続きで**式**7ができます。

式6と**式**7は同時になりたちますから、これは連立方程式です。式は二つで、未知数もxとyの二つですから、式と未知数の数が同じです。このことは、この連立方程式が解けること、つまりxとyが決定できることを意味しています。xとyが決まれば取引する量が決まるので、二つの財の各々について需要と供給が一致します。つまり、効用を最大にする取引量であるxとy、そして価格である「x/y」と「y/x」が決まり、この取引量と価格で需要と供給は一致し、取引は均衡点に達します。最初に持っている財の量さえわかっていれば、均衡点での価格と取引量がわかるわけです。

さらにまた、社会全体にとって安定的な均衡点は、取引の当事者の双方にとっては、効用を最大にする点（最適点）です。限界効用逓減の法則を用いてこのことを論理的に証明したとき、新古典派は古典派をこえたということができます。古典派も経済システムがちゃんと再生産されるには取引が均衡しなければならないことはわかっていましたが、均衡点が全員にとっての最適点になることを十分論理的に明らかにしたとはいえませんでした。

こうしてジェヴォンズは、二者が二財を取引するという基本的なモデルについて、二人の効用がともに最大になり、かつ財の需要と供給が一致するような状態はありうること、また均衡点での価格と取引量は計算できること、この二つを証明しました。

均衡点は最後に取引された財の効用と量をかけあわせたものが二つの財について同じになる点ですが、ここで最後の一財の量を限りなく小さくしてゆくと、最後に取引された財の効用と量をかけあわせたものは限界効用に限りなく近付きます。つまり、均衡点では取引される二財の限界効用が等しくなります。逆にいうと、取引される財の限界効用が等しいとき、その取引は均衡点にあります。これが新古典派経済学の基本的な原理です。

メンガーは稀少性の問題を強調した

「英仏の経済学者は、使用価値の概念を一般にわれわれの科学から放逐し効用性の概念をその代わりにしようとしている。これは、この二つの概念の間と、それぞれの基礎にある生活現象の間にある重要な差異を誤解したことにもとづくものである」(メンガー［a］七二〜七三頁)。これは限界革命の批判者が書いた文のようにみえますが、じつは限界革命三人組の一人メンガーが書いた文です。彼は何をいいたかったのか、というと、それは「全ての財に効用を認めてしまってよいのだろうか」ということでした。

ある財に対する需要が供給を上回れば、その財を自分で生産してみようとか、その財の所有者に取引をもうしいれようとか、その財が欲しくなるとか、そんな気になり、生産や取引や消費といった経済活動にのりだす人が出てきます。これに対して、供給が需要を上回るような財については、大抵の人は生産や取引をしようという気にはならないでしょう。たとえば空気です。いまのところ空気については供給が需要を上回っているので、空気で商売しようと考える人はあまりいません。もちろん、大気汚染が進んだ都市部では、新鮮な空気や清浄な空気に対する需要が供給を上回ることもあるでしょう。そのときは空気で商売する人々が出てくるはずです（すでに出ています）。

メンガーは、基本的に需要が供給を上回る財を「経済財」、基本的に供給が需要を上回る財を「非経済財」と呼び、経済学が分析できるのは経済活動をひきおこす経済財だけだと主張します。

メンガーは、効用という概念にもとづいて経済学を再構築することに反対しているわけではありません。彼は効用を「欲望」と呼び、「個々の欲望がすでに満足されているにつれ、これにつづく欲望満足の行為の意義は次第に減少する」（メンガー［a］八〇頁）と主張します。人間は、まず生命の維持にかかわる欲望を、次に福祉にかかわる欲望を、そして享楽にかかわる欲望を満足させますが、これら三種類の欲望の大切さはこの順番で小さくなります。つまり、限界効用はだんだん減るわけです。

さらに、財を取引するという営みは、大抵は、取引の当事者双方の欲望の満足度を上げます。馬しか持っていない農民と牛しか持っていない農民が牛と馬を取引する場合を考えてみれば、そのことは明らかでしょう。馬しか持っていない農民にとって、自分の馬と交換に手に入れた最初の牛は、馬を手放したことから生じる損失感以上の満足感を与えてくれます。逆に、牛しか持っていない農民にとって、自分の牛と交換に手に入れた最初の馬は、牛を手放したことから生じる損失感以上の満足感を与えてくれます。もちろん取引を続けてゆくと、牛（や馬）を手に入れたことから得られる満足感の増え方は小さくなり、馬（や牛）を手放したことから感じる損失感の増え方は大きくなってゆきます。そして、満足感の増えた分と損失感の増えた分が一致するところで、取引は終わります。それ以上取引を続けると、損失感の増えた分が満足感の増えた分を上回ってゆくからです。

メンガーの主張の独自性は「財が経済活動の対象になり、したがって経済学の分析対象になるためには、基本的に需要過剰状態になければならない」という点に注意を促したことにあります。「基本的に需要過剰状態にある」とは「稀少性がある」ということです。財が取引や生産の対象になるのは、この稀少性があるからです。

ワルラスは経済学に数学を導入することを積極的に主張した

限界革命三人組の最後を飾るのはワルラスです。彼は「商品の消費量によって充足せられる最終の欲望の強度」を「稀少性」（ワルラス［b］七九頁）と呼びます。この「稀少性」とは限界効用のことです。そして「多く食べるほど空腹を感じることは少ない」ことからもわかるように「物がわれわれに対してもつ効用は消費が増加するに従って逓減する」（ワルラス［b］五〇〇頁）はずです。限界効用逓減の法則を採用したうえで、彼は取引が均衡点に達する条件を探ります。

S氏が一単位q円のA財を売って一単位r円のB財を買う場合を考えます（ワルラス［b］第八章七八節）。そうするとA財の相対価格は「q/r」になりますが、いちいち面倒なので、これをp円におきかえます。そうするとA財はp円、B財は1円になり、A財一単位とB材p単位が取引されることになります。A財の限界効用をU、B財の限界効用をVとします。

さて、S氏がA財を売ってp倍の量のB財を買おうとしていることからわかるように、取引が始まる前は、B財p単位分の限界効用「$p \times V$」はA財一単位分の限界効用Uよりも大きくなっています（そうでなければS氏は取引を始めないでしょう）。さて、取引を始めると、一回取引するごとに「$p \times V$」とUの差額だけ効用が増えます。ところが限界効用はだんだん減るので、取引が進むと、手持ちの量が増えるB財の限界効用Vは小さくなってゆき、手持ちの量が減るA財の限界効用Uは大きくなってゆきます。つまり「$p \times V$」とUの差額は小さくなってゆきます。

では、S氏はどこで取引をやめるべきか。それは、「$p \times V$」とUの差額がゼロになる、つまり「$p \times V = U$」になる点です。この点をこえると、今度は「$p \times V$」とUの差額がマイナスになり、S氏にとっての効用の合計は減りはじめてしまいます。ここで両辺をVで割り、左右をいれかえ、pをもとの「q/r」に戻すと「$U/V = q/r$」になります。これは、二つの財を取引する場合、均衡点では両財の限界効用の比率と価格の比率が等しくなる、ということを意味しています。

ワルラスは一般均衡分析という考え方も提唱した

この説明は、本質的には、ジェヴォンズやメンガーのものと大差ありません。ただしワルラスは、分析を始めるに際しては「価格（qとr）は変化しない」と仮定したものの、「価格の要素は本質的に変化する」（ワルラス［b］一一〇頁）ことを十分に意識していました。取引当事者以外の人々の手元にある財の量が変わっただけで、価格は変化してしまいます。だから、ある人がある財を取引するときの均衡点は、それ以外の全ての人や財の状態がわからなければ確定できないはずです。こうして、ワルラスは取引する人や取引される財の数を増やし、どんな場合でも取引は均衡点に達するのか、均衡するのはどんな場合か、という問題を考えます。ここにワルラスの独自性があります。

全ての取引を対象にするには、取引する人も財も多数である多者多財モデルで考えなければなりません。でも、このモデルで全ての均衡点の価格や取引量をいちいち計算することは、膨大な労力を要するでしょう。ワルラスはわりきって、均衡点があることだけを証明すればよいと考えました。そのためには、均衡の状態が連立方程式で表せることを示し、そのうえで、方程式の数と未知数の数がそろっていることを示せれば十分です。連立方程式では、式の数と未知数の数が等しければ、基本的に解を求めることができます。

はじめに、A財とB財が取引されるという二財モデルを使って、使える方程式の種類を確認します（ワルラス［b］一一七〜一一八頁）。まず、財に対する需要は財の価格に左右されます。この関係を表したのが「需要方程式」です。次に、均衡点では各々の財に対する需要と供給が等しくなっています（需給均等）。さて、A財を需要し、買うためには、B財を供給して購入資金を手に入れなければなりませんが、B財を供給するためには、B財に対する需要がなければなりません。つまり、A財の需要と供給が等しくなるためには「A財の需要と価格をかけあわせたもの」が「B財に対する需要と価格をかけあわせたもの」に等しくなければなりません。これは、需要と価格を使って供給を表現できることを意味しています。需要と価格を用いて需給均等を表したものが「交換方程式」です。とりあえず、これら二種類の方程式が使えます。

これを参考に多者多財モデルを考えます。多者多財では曖昧なので、N人がM種類の財を取引するとします（ワルラス［b］第一二章）。M種類の財のうち一つを「他のすべての価格を表わすために用いられる商品」（ワルラス［b］一二九頁）、つまり貨幣みたいなものと考えます。これを「価値尺度財」と呼びます。価値尺度財を導入するのは計算を簡単にするためですが、そのかわり、価値尺度財以外の財を取引した際の収入の合計と支出の合計とが、各人について等しくなければならなくなります。

決めなければならない未知数は、価値尺度財以外の財の価格が「$M-1$」個、取引量が（N人がM種類の財を取引するので）「$M\times N$」個ですから、この二つを合計した「$M\times N+M-1$」個あります。では、式の数はどうか。まず需要方程式ですが、価値尺度財は事実上の貨幣だから無視して財は「$M-1$」種類と考えると、一人について「$M-1$」個、これがN人分だからN倍して「$M\times N-N$」個あります。次に需給均等を表す交換方程式は、財ごとに考えればいいから「$M-1$」個。さらに、価値尺度財を導入したため、各人の収入の合計と支出の合計が一致しなければなりませんから、これを表す式がN人分でN個。これらの式の数をたしあわせると「$M \times N + M - 1$」個で、ちょうど未知数の数に等しくなります。ワルラスは、これで無数の取引者が無数の財を取引する際にも均衡点が存在することが証明できた、と主張します。こんな状態を「一般均衡」と呼びます。

それにしても、現実にはNもMも巨大な数ですから、解かなければならない方程式の数も膨大です。おそらくスーパー・コンピュータを使っても、これほどの数の連立方程式を解き、一般均衡を実現する解を計算するには、相当の時間がかかることでしょう。しかも一般均衡を実現するべき場は、コンピュータ・センターではなく、経済人が集まって取引をしている市場です。一般均衡を実現する解は、本当に計算できるのか。

ワルラスは巧みなアイデアをおもいつきます（ワルラス［b］一四〇〜一四一頁）。とりあえず、誰かが適当な（つまり、いい加減な）価格を叫びます。そして、この叫ばれた価格によって、各々の取引者は需要または供給の量を決定することにします。そうすると、需要が供給より大きければ、この財の価格を上げる必要が出てきます。供給が需要より大きければ、価格を下げる必要が出てきます。こうして価格が上下し、やがて需要と供給が一致する水準がみつかります。これを「模索」の過程と呼びます。こうしてみつかった均衡点で、一斉に取引がなされます。ワルラスが考える取引は、このように、二つの段階からなっています。[2]

2　これはジェヴォンズの「無差別の法則を仮定する」という方法に対応しています。

ワルラスは、こうして「自由競争によって支配せられる市場における多数の商品相互の間の交換は、これによってこれらの商品の一つのまたは複数のまたはすべての種類の所有者のすべてが欲望の最大満足を得ることができる行動である」（ワルラス［b］一四六～一四七頁）という所説にたどりつきます。市場での取引は、全体として安定し、しかも当事者の各々にとって最適な状態を実現するのです。

こうして新古典派経済学の第一歩がふみだされる

限界革命三人組によれば、財を取引する目的は効用を最大にすることです。取引の対象になるのは稀少性を持つ財です。財の限界効用がだんだん減ると仮定すると、取引は、全ての人の効用を最大にし、かつ需要と供給が一致するような点に達することができます。それは取引されている財の限界効用が一致する点です。そして、この点における取引価格や取引量を求めることは、取引に参加する人間や財の数がどれほど多くても可能です。

彼らのこんな所説を土台に、新古典派経済学が体系化されてゆきます。ただし、限界革命三人組の所説には一つ問題がありました。彼らは個人の主観に属する効用を重視し、効用を数学的に処理すれば最適な価格や取引量を見出せると主張します。さて数学的に処理するためには大きさを測らなければなりませんが、では、主観的なものの大きさは測れるのか。たとえば「A氏がこのチョコレートに感じる満足は2、B氏の満足は5」とか、「チョコレートに感じる満足は2だが、アイスクリームに感じる満足は10」とか、いえるのか。主観的なものだから測れないような気もします。でも、測れないと計算に使えなくて困ります。これは、効用は基数的か序数的かという問題にほかなりません。

限界革命三人組も、この問題には悩んだようです。たとえばジェヴォンズは、一方では「各人の心は……他の各人の心にとって測りえない」（ジェヴォンズ［a］一二頁）といいつつ、他方では「需要供給の平均的法則」（ジェヴォンズ［a］六九頁）は確定できると考えます。ワルラスは、一方では彼のいう「稀少性は個人的であり、主観的である」と主張しつつ、他方では「これらの商品のそれぞれの稀少性の算術平均である平均稀少性をとる」（ワルラス［b］一〇九頁）という、効用を測れることを前提にした作業に言及します。効用の大きさの測定可能性という問題をめぐって、彼らの立場は揺れました。この動揺が解消されるには、もうしばらく時間がかかることになります。

5・2　効用をめぐる考察の系譜

限界革命三人組にも先駆者がいた

限界、効用、逓減。この三つが限界革命のキーワードです。ただし、限界革命以前にこれらの概念に着目した人がいなかったわけではありません。そもそも、限界革命三人組が批判の標的にした古典派経済学者さえ、限界にも効用にも逓減にも関心を示していました。

限界と逓減に着目して議論を展開した先駆的な経済学者としては、まずチューネン（ドイツ、一七八三〜一八五〇）が挙げられます。彼は自ら農場を経営し、農業経営の改善に想いをめぐらせた在野の農業経済学者ですが、「孤立国」という概念を駆使した経済地理学の祖としても知られています。彼は労働者を雇って農業を営む場合、何人雇えば利益が最大になるかを考えました。一人目の労働者は、一番地味が高い農地を耕すことを任されるでしょう。でも、労働者が増えるにつれて、後から来た労働者が担当するのは地味の劣る農地か、すでに一度利用された農地になります。こうして、最後に雇われた労働者がうみだす収穫、つまり限界生産量は減ってゆきます。彼（女）たちを雇うことによって増える収穫は、彼（女）たちの人数や生産の費用に「正比例せず逓減的に増加し、ついには零に等しくなる」（チューネン［a］四三八頁）でしょう。

この点をこえると、今度は収穫の増え方よりも費用の増え方のほうが大きくなり、収穫から費用を引いた利益は減少してゆきます。だから「最後に雇った労働者によってもたらされる剰余生産が彼の受取る労賃によって吸い尽くされる点」で「純収益が最大に達する」（チューネン［a］四二四頁、四三九頁）はずです。彼は限界という概念を利用し、また限界生産量はだんだん減ることを前提にしたうえで、最適な労働者の数や収穫の量を計算しました。経済活動の何らかの要素の最適な量を求めるために、その要素の限界量に着目する手法を「限界分析」と呼ぶとすれば、チューネンは農業生産の限界分析を試みたといえます。

先駆的な経済学者としては、クルノー（フランス、一八〇一～一八七七）も忘れるわけにはゆきません。彼は、今日では、生産者または消費者が一人しかいない場合を分析する独占理論の祖として知られていますが、経済システムを研究するにあたって、まず需要の性質を数学的に表現しようと試みました。

一般常識では「商品が安価なるほどそれに対する需要量は大」（クルノー［a］三四頁）です。これは商品の価格と需要の間には関係があることを意味しますから、二つの量の関係を表す関数「$F(\cdot)$」を用いて表現できます。量で表した需要をD、価格をpとすると、両者の関係は「$D=F(p)$」とかきあらわせます。この関数は、横軸に量で表した需要、縦軸に価格をとると、右下がりの曲線として表せます。

今度は、量ではなく、価格で表した需要を考えます。量で表した需要がDですから、価格で表した需要はそれに価格をかけた「$D\times p$」つまり「$F(p)\times p$」になります。価格で表した需要も価格の関数になるわけです。

この関数はどんな形をしているか。pが0のとき「$F(p)\times p$」は0になります。pが無限に大きくなると、今度は「$F(p)$」つまりDが0になりますから、「$F(p)\times p$」はやはり0になります。価格で表した需要が負の数になることは考えにくいので、「$F(p)\times p$」は「まずpと共に増加し、次いでpの増加と共に減少する」（クルノー［a］四〇頁）曲線を描きます。これは、価格で表した需要について、限界需要はだんだん減ることを意味しています。とすると、価格で表した需要を最大にするような価格の大きさがあるはずです。それは「$F(p)\times p$」が増加から減少に転じる点、つまり「$F(p)\times p$」が表す曲線の接線の傾きが0の点のpの値です。

こうしてクルノーは、限界分析を導入することによって、それまで一般常識として処理されていた需要の性質を厳密に定義することに成功しました。ただし、彼は「何が需要を生んでいるのか」という問題を考えることはありませんでした。限界革命三人組は、財の効用が需要を生むと主張し、効用と限界分析をむすびつけることになります。

ゴッセンはもう一歩で限界革命にたどりつくところだった

限界革命の先駆者としてもっとも重要なのは、一生を在野の経済学者（というよりも一公務員）として過ごしたゴッセン（ドイツ、一八一〇～一八五八）です。ジェヴォンズとワルラスは、口をそろえて彼の所説の先駆的な性格を賞賛し、驚嘆しています。逆にいうと、ゴッセンの所説は存命中ほとんど黙殺されていた、ということです。

ゴッセンは「人間は、人生における享楽の総和が最大になるように行動する」（ゴッセン［a］六頁）という仮説から議論を始めます。この享楽には「ある同一の享楽の大きさは、その享楽が持続的に続けば、絶えず減少していき、そしてやがて飽和する」（ゴッセン［a］七頁）という性質があります。精神的なものにせよ、物質的なものにせよ、享楽が続けば、人間は必ず飽きてくるからです。ここでいう「享楽」は限界効用を意味しています。効用に相当するのが「享楽の総和」です。彼は財を「享楽手段」と呼び、財が享楽をもたらすのは「価値」を持っているからだと考えます。

そのうえでゴッセンは「享楽の総和が最大になるような享楽の方法、仕方というものが存在する」（ゴッセン［a］一四頁）と主張し、それを求める方法を考案します。A財を持つS氏がB財の所有者と取引するという二者二財モデルを考えると、S氏が手放すA財から得られる効用と、得るB財から得られる効用を比べると、最初は後者のほうが大きいはずです。そして、後者のほうが大きい限り、この取引は両者の差額分だけのメリットをもたらします。両者の差額が０になる、つまり二財の限界効用が等しくなるとき、S氏にとっての取引のメリットは増えなくなり、取引は終わります。

ゴッセンの交換論は、のちにジェヴォンズたちがたどりついたものとほとんど変わりません。ただし、ゴッセンが限界革命三人組の所説を完全に先取りしていたわけではありません。ゴッセンの所説では、二つの財はある比率で取引されることになっています。彼はこの比率を「同じ量」と呼びます。では、この「同じ量」はどう決まるか。ジェヴォンズなら、多分「均衡点では最後に取引された財の効用と量をかけあわせたものが二つの財について同じになるから、最後に取引された財の効用（限界効用）の比率がわかれば、最後に取引された財の量の比率がわかる」というでしょう。これに対して、ゴッセンは「同じ量」とは「同じ大きさの労働力によって生産されたものの量」（ゴッセン［a］一〇二頁）だと述べます。財の交換比率、つまり価格は、財を生産するのに要した労働力の比率だ、というのです。これは、ゴッセンが投下労働価値説の立場に立っていることを示しています。この一点で、彼は限界革命に届きませんでした。

パレートは効用の概念を厳密に考えた

限界革命の成果が経済学者に認められてしばらくすると、限界革命三人組の所説が孕む問題を解決しなければならない、という機運が生まれます。問題とは、効用は基数的か序数的かという、効用の性格をめぐるものです。もちろん効用は主観的なものですから、序数的だと主張できればできたほうが好都合です。でも、そのためには、効用の大きさを測らなくても経済を分析できるようなツールを考案しなければなりません。

この問題にとりくみ、序数的効用論にもとづく経済学の土台を築いたのがパレート（イタリア、一八四八～一九二三）です。彼は効用を「オフェリミタ」と呼び、「オフェリミタの測定を導入することは不可能である」（パレート［a］四頁）と断言します。そのうえ、経済の「均衡理論のために必要なる事柄は、オフェリミタを考察する要なしに……表はされる」（パレート［a］一〇四頁）はずだとまでいいきります。

二人の当事者S氏とT氏が二種類の財AとBを取引するときの均衡点を求めるという、おなじみの場合を考えます。すぐ思いつく手順としては、当事者の各々について、各々の財がもたらす効用をまず算出する、それから両者を足しあわせる、そのうえで合計した効用が最大になる点を求める、というものがあります。ただし、この手順だと、効用は算出できるか、足しあわせることはできるか、という問題が出てきてしまいます。

この問題を解決（というよりも回避）するツールとしてパレートが着目したのは、限界革命の直後にエッジワース（イギリス、一八四五～一九二六）が考案した「無差別曲線」です。[3] ある量のA財とある量のB財を組合せ、このくみあわせ全体がもたらす効用を考えます。A財の量とB財の量の組合せを「A、B」と書くとすると、たとえばS氏が「2、3」から得る効用と「1、4」から得る効用とは等しいというように、効用が等しくなる組合せ同士をみつけることができます。このとき「2、3」と「1、

４」は「無差別である」といいます。これ以外にもあるはずの無差別な点をすべて結んでできる線を「無差別曲線」と呼びます。

3　ただし、パレートによれば、効用の存在という仮定を回避するために無差別曲線に着目したパレートとは違って、エッジワースは「効用の存在を仮定して無差別曲線を導き出した」（パレート［a］一〇四頁）のでした。

ポイントはこれだけです。これで、経済学から効用の大きさの問題を排除できます。つまり、組合せてしまおう、そして全体からもたらされる効用の大小を比べよう、というわけです。二つの財の量の組合せを変えてゆくと、元の組合せと効用の大きさが等しい組合せがみつかります。このとき、効用の大きさが具体的にどれくらいか、ということは問題になりません。大切なのは、どちらが大きいか、それとも等しいか、という大小関係だけです。そして、大小関係さえわかればよいということであれば、序数的効用論が利用できます。序数とは、大小関係だけはわかる数なのですから。

では、無差別曲線というツールを使ってみます。**図5-1**のように直交座標を考え、横軸にA財の量、縦軸にB財の量をとると、両財の組合せはこの座標上の点で表せます。効用の大きさを適当に（つまり何でもいいから）選び、その大きさの効用をもたらすようなA財の量とB財の量の組合せを考えます。こんな組合せは無数に存在するはずですから、それらをつなぐと無差別曲線ができます。

はじめに無差別曲線の性質を確認します。二つの組合せ「１、４」と「２、３」が無差別であるということは、図5－1では、二つの点を同じ無差別曲線L上にとることによって表せます。A財を増やし、でも二財の組合せがもたらす効用の大きさを変えないようにするには、B財を減らさなければなりません。A財が二単位増えたからB財が三単位減るというように、A財を増やした分を、B財を減らすことによってカバーする（代替する）ことが必要です。だから無差別曲線は右下がりになります。このA財が増えた分とB財が減った分の比率を「代替率」と呼びますが、無差別曲線の代替率は負になります。

また、三人組とおなじく、パレートも「財は持てば持つほどありがたみが失せる」と考えますから、A財を増やす毎に減らさなければならないB財の量はだんだん減ってゆきます。だから、無差別曲線は右下がりですが、下がり方は徐々に小さくなってゆきます。最後に増減する一単位の財にかかわる代替率の絶対値を「限界代替率」と呼びますが、無差別曲線の限界代替率はだんだん小さくなります。

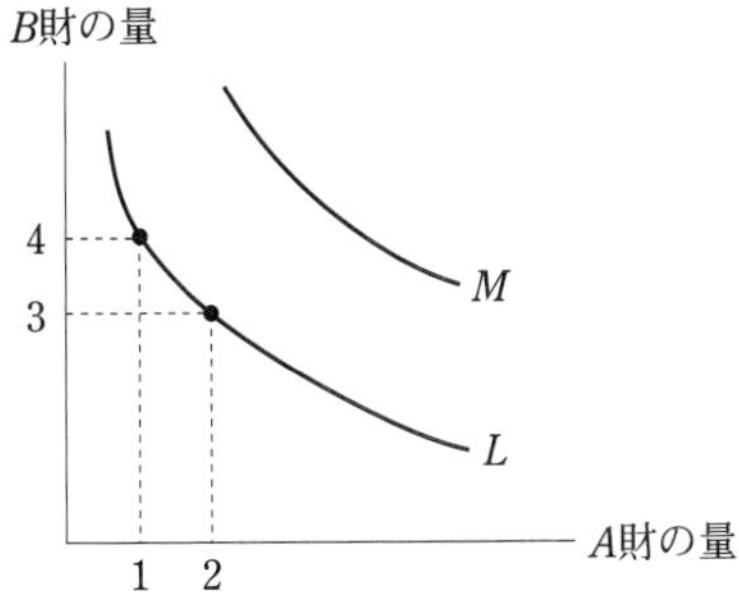

図5－1　無差別曲線

また、組合わせる財の量が両方とも増えれば、明らかに全体からもたらされる効用は大きくなりますから、右上の無差別曲線ほど大きな効用を表します。図5－1でいうと、無差別曲線Lよりも無差別曲線Mのほうが、大きな効用を表しています。

ただし、ここでいう効用は序数的な性格を持っているので、どれくらい大きいかはわかりません。

では、二者二財の場合、取引の均衡点はどこか。A財一単位の価格を1円、B財一単位の価格をp円、S氏はB財を手放してA財を手に入れる、とします。B財の価格はA財の価格のp倍なので、S氏はB財を一単位手放すことによってp単位のA財を手に入れられます。問題は限界代替率です。限界代替率の絶対値はだんだん小さくなるので、この取引が続くと、B財を手放しつつ無差別曲線の上に留まるために必要なA財の量は増えてゆきます。やがてこの量はpになります。S氏にとって、それまでは、B財を一単位手放すことによってA財をp単位入手できるのに対して、無差別曲線の上に留まるために必要なA財の追加量はp単位以下ですから、取引を続けたほうが有利です。でも、この点をこえて同じ取引を続けると、今度は無差別曲線の上に留まっていられなくなります。だから取引をやめたほうが有利です。まったく同じことがT氏にもいえます。だから、この取引の均衡点は、二人の限界代替率が等しく、かつ、その絶対値が価格に等しい点です（パレート［a］三二頁）。同時に、この均衡点は二人にとっての最適点です。

パレートは、代替率という考え方を導入することによって、新古典派経済学の土台を基数的効用論から序数的効用論にうつしました。これによって、経済学から効用の大きさの測定という問題は排除されることになります。

パレート最適とは何か

均衡点にかかわるパレートの所説は文章だとわかりづらいので、図を使って考えます。図5－2と図5－3はエッジワースが考案したものをパレートが改良したもので、通常「ボックス・ダイヤグラム」と呼ばれています。[4]

4　ここでは、元の図（パレート［b］一八七頁）の記号を変えて説明します。

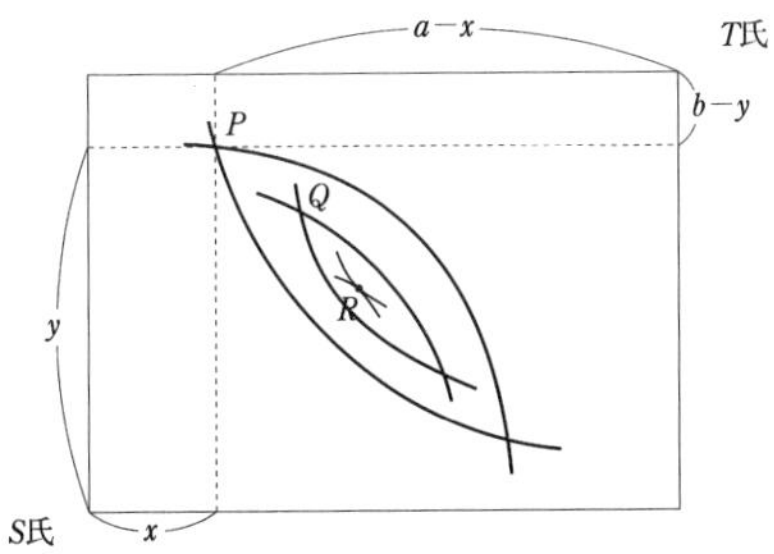

図5－2　パレート最適

まずエッジワースの所説を見ておきます。彼はもっとも単純な場合として、二人の当事者が二種類の財を取引することを考えます。この取引はどんな点で均衡するか。彼によれば、それは、二人の間に財を分配する比率を「どの方向であっても、またほんの少しであっても、動かしたとき」二財の組合せからもたらされる効用が「二人にとって同時に増えることはなく、一方が増えれば一方が減る」（エッジワース［a］二一頁）ような点です。均衡点では、誰かの効用を増やすためには、もはや誰かの効用を犠牲にしなければならなくなっています。とすると、さらに財を再分配することに当事者の全員が合意することはありえま

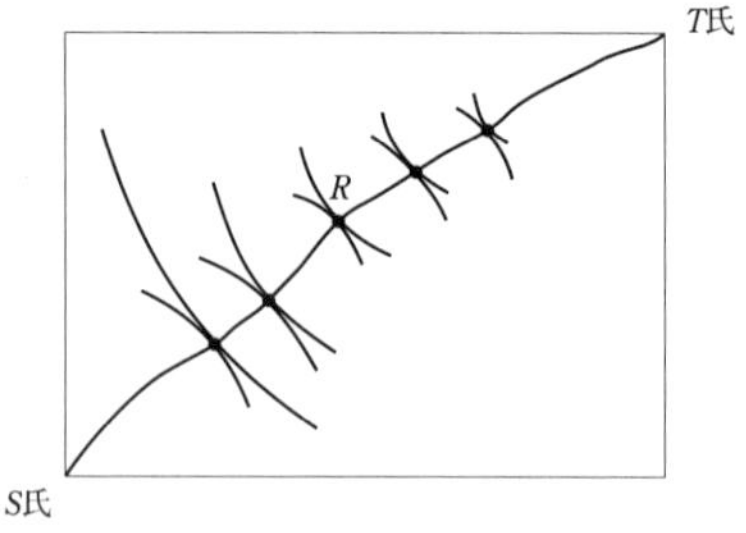

図5－3　契約曲線

せん。この状態を、今日では「パレート最適」と呼んでいます。

次に、図を使い、二人の当事者が、所与の量の二つの財を分配する場合について、パレート最適を考えます。S氏とT氏、A財とB財からなる二者二財モデルを考え、a単位のA財、b単位のB財を二人で分けるとします。図5－2にあるように、これは、横軸をA財の量、縦軸をB財の量、横軸の長さをa、縦軸の長さをb、S氏の取り分を左下の点からの長さ、T氏の取り分を右上からの長さ、とするような箱型の図で表せます。これが「ボックス・ダイヤグラム」です。そして、S氏がA財をx単位、B財をy単位取り、したがってT氏がA財を「$a-x$」単位、B財を「$b-y$」単位取るとすると、左下の点を原点とする直交座標で「x、y」と表される点Pは、左下の点を原点として見たときはS氏の取り分を、右上の点を原点として見たときはT氏の取り分を、各々表しています。ボックス・ダイヤグラムのメリットは、二財各々についての二者の取り分という四つの情報を、たった一つの点（分配点）で示せることにあります。ちなみに、これは二財モデルなので、二人の各々について、Pを通る無差別曲線を考えることができます。二財の組合せがもたらす効用は、S氏にとっては、その組合せを表す点を通る無差別曲線が右上に行くほど、T氏にとっては、逆に左下に行くほど、各々大きくなります。

いま、P点を通る二人の無差別曲線は、その間にレンズ形をしたすき間を作る、とします。このすき間のどこかに分配点を移動させると、S氏にとってもT氏にとっても、Pのときよりも効用が大きくなります。新しい分配点Qを通る無差別曲線を書くと、S氏の新しい曲線は古い曲線の右上に、T氏の新しい曲線は古い曲線の左下に、各々位置するからです。だから、財を再分配してPからQに移動することに、二人とも合意するはずです。つまりPはパレート最適ではありません。さて、Qを通る二人の無差別曲線も、前ほど大きくはないが、やはりその間にレンズ形のすき間を作る、とします。そうすると、ふたたび、このすき間のどこかに分配点を移動させることによって、S氏もT氏も、Qのときよりも効用を大きくできます。Qもパレート最適ではありません。

ある点を通る二人の無差別曲線がすき間を作る限り、その点はパレート最適ではありません。ということは、すき間ができないような点でパレート最適になるはずです。二つの曲線の間にすき間がないとは、両者が接しているということです。パレート最適は、二人の無差別曲線が接している点、たとえば**図5－2**のRのような点で実現されます。こんな点では、それ以上財を再分配しようとすると、それによって損をする当事者が出るので、全員の合意は得られません。

では、パレート最適な点は一つしかないか、といえば、そうではありません。二人の無差別曲線が接すればよいわけですが、無差別曲線はある大きさの効用をもたらすような財の組合せを結ぶ線ですから、効用の大きさを変えれば新しい曲線ができます。効用の大きさは無数にありますから、無差別曲線も無数にあります。無差別曲線が無数にあるから、無差別曲線が接する点も無数にあります。これら無数の点は、図５－３にあるように、一つの曲線を描きます。この曲線を「契約曲線」（エッジワース［a］二二頁）と呼びます。契約曲線上にあるように財を分配すると、パレート最適が実現されるわけです。

ゲーム理論は経済学を変革するか

パレート最適な点は、全員が合意しているから安定的です。その点では、全員の合意という条件付きで、当事者の効用は最大になっています。これは「財がもっとも効率的に分配されている状態」とみなすことができます。そして、パレート最適は、財の分配の効率性を図る基準として、ひろく用いられています。

でも、最適な点は、本当に安定的なのか。安定的な点は、本当に最適なのか。こんな疑問は残ります。そして、もしも不安定な最適点や安定的な非最適点があれば、「安定」と「最適」はイコールでなくなります。経済システムは不安定で、場合によっては破綻に至るようなものだと考えなければならなくなります。この問題を考える際に興味深いのが、ゲーム理論と呼ばれるアプローチです。

ゲーム理論をきりひらいたのはモルゲンシュテルン（ドイツ、一九〇二〜一九七七）たちです。彼らは、「経済行動」はこれまで経済学者が考えてきたものとは「まったく違った構造を持っている」（ノイマン他［a］第一巻一頁）と宣言します。たとえば、大抵の経済学者は「個人は、効用や利得や満足を最大にするという動機のもとに、合理的に行動する」と仮定します。でも、二者の相対取引を考えればわかるように、これは単純すぎます。そもそも取引の結果は「自分自身の行動に依存するだけでなく、他の人々の行動にも依存する」(ノイマン他［a］第一巻一七頁)はずです。自分の動機だけにもとづいて行動しても、取引はうまくゆきません。相手の出方や思惑や手の内を「読む」ことが必要です。個人の合理的な行動の定義について、もう少し考えなければならないようです。

モルゲンシュテルンたちは様々な交渉を戦略ゲームとして捉え、財の取引もその一種にほかならないと主張します。個人は戦略を持ち、定められたルールのもとで互いに交渉し、その結果利得を得るプレーヤーだ、というわけです。

ゲーム理論を導入すると、経済システムの見方が変わってきます。ある町にAとBという二軒のパン屋があり、各々、食パンの価格を一〇〇円にしようか、一五〇円にしようか、悩んでいる、という例を考えてみましょう(梶井他［a］一一頁)。AもBも一五〇円なら両者ともに月一〇万円の黒字、Aが一〇〇円でBが一五〇円なら(客は皆Aで買うので)Aは三〇万円の黒字に対してBは二〇万円の赤字(逆も同様)、AもBも一〇〇円なら両者ともに二万円の黒字、とします。常識的に考えると、AもBも一五〇円を選択して一〇万円の利益を確保するはずです。ところが、Bからすると、自分が一五〇円を選択すると、Aは合理的に考えて一〇〇円を選択する(ことによって利益を増やす)に違いありません。そう合理的に仮定したBは、二〇万円の赤字よりは二万円の黒字のほうがましなので、自分も一〇〇円を選択します。結局、AもBも一〇〇円を選択、利益は両者ともに二万円、が安定的な結果になります。つまり安定的な結果は最適な結果ではありません。

AもBも、一〇万円の利益をもたらす一五〇円ではなく二万円の利益しかもたらさない一〇〇円を選択してしまいました。とはいえ彼（女）たちが自分の利益を考えなかったわけではないし、合理性がなかったわけでもありません。自分の利益を最大にすることを目指し、合理的に考えて行動した結果、利益を最大にすることに失敗してしまったのです。これを「囚人のジレンマ」と呼びます。では、経済の領域でこんな事例がくりかえされると何が起こるのか。たしかに個人は合理的に行動しているし、安定的な結果は実現されていますが、利益ひいては経済は縮小するので、最終的に経済システムの再生産メカニズムは停止してしまうかもしれません。さらに、そもそも戦略ゲームが安定した状態に達しない（つまり取引が成立しない）かもしれません。

モルゲンシュテルンたちが示唆した「合理的な行動が、最適で安定した状態に達しない」という問題を解決するため、その後、様々な試みがなされます。それはそうでしょう。このままではモルゲンシュテルンたちの宣言を認めざるをえないのですから。

なかでも重要な試みとしては、「進化ゲーム」理論とか「くりかえしゲーム」理論とか呼ばれる所説があります。モルゲンシュテルンたちは一回だけで完結するゲームを考察したのに対して、この所説では、プレーヤーが何度もゲームをくりかえしたり、あるいは、交互に選択したりします。A氏が選択してからB氏が選択する、それを見てA氏がまた選択を修正する、という相互行為がくりかえされます。これは、時間という要素をゲーム理論に導入することを意味しています。それによってモルゲンシュテルンたちが示唆した問題を解決できるのではないか、というわけです。[5]

5　進化（あるいは、くりかえし）ゲーム理論を用いた経済学では、市場で財を取引する人々は「他人への影響をも適切に考慮して行動する」（ミルグロム他［a］一三五頁）とされます。つまり、相手を裏切ることによって得られる利得と、継続的に相手の信頼にこたえる利得を比較し、後者が大きい場合は「誠実だという評判を維持するために、信頼を裏切らないようにする」（ミルグロム他［a］二九三頁）わけです。こうして成立する信頼関係こそが取引、ひいては市場メカニズムを支えています。これは、利益の最大化だけから全てを説明する（それまでの）新古典派経済学とは異なる市場像です。

なお、モルゲンシュテルンたちの所説は、もう一つ別の方向にも拡張できます。彼らは、ゲームのプレーヤーは自他の選択肢や利得をすべて知っており、それを合理的に利用するという、「完全情報」と「合理性」の状態を仮定します。これに対して、近年は、プレーヤーが不完全な情報しか持っていない、あるいはあまり合理的でない、という仮定から出発する分析が試みられるようになりました。これを「不完全情報」や「限定合理性」の仮定と呼びます。

ゲーム理論を導入し、消化し、吸収することは、今日の経済学にとって、大きな課題です。それは、ゲーム理論が提示した問題が「個人が合理的に行動すれば、最適で安定的な状態が実現され、経済システムは自律的に再生産される」という経済学の根本的な信念に関わっているからです。

第6章　企業

6・1　ヴェブレン

市場と取引はイコールで結べるのか

「取引」という言葉を聞くと、様々な場面がおもいうかびます。たとえば、日本語を教えるかわりに英語を教えてもらう、八百屋の店先で小松菜を買う、取引先の会社に製品を納入する、などなど。いずれにせよ、ぼくらは大抵の場合、自分を含めた「内側」というアクター（行動主体）と「外側」というアクターとを区別し、この二つのアクターが（貨幣を含めた）財を交換する営みとして取引を考えます。そして、複数のアクターが集まって財を交換する空間とは「市場」にほかなりませんから、一般に「取引」という言葉は市場をイメージさせる、あるいは「取引」と「市場」はほぼイコールで結ばれている、といえます。その証拠に、ぼくらはしばしば「市場取引」という言葉を口にします。

でも、取引と市場をイコールで結ぶことには問題があります。たとえば、娘が肩を叩いてくれたので、父はお礼にアイスクリームをあげた、という（わが家ではよくある）場合を考えてみます。これは「肩を叩く」という労力と「アイスクリーム」という財を取引したことを意味します。では、この取引は市場取引といえるのか。常識的に考えれば、父と娘は一つの家族であり、その意味で、父にとって娘は「内側」に属しますから、家族の内部でおこなわれた取引は市場取引ではありません。つまりこれは、考えようによっては、アクターの内部で、つまりは市場の外部でおこなわれた取引です。

ただし、娘が家を出て別の家計になれば、父にとって娘は家族の外部になり、「内側」ではなくて「外側」に属することになるかもしれません。あるいは、家族の一員であっても別の人格なのだから、そもそも娘は「内側」ではなく「外側」だ、という考えもあるでしょう。とすれば、先の取引は二つのアクターの間でおこなわれることになり、市場取引と考えてよくなります。

もっとも、家族内部の取引なんてそれほど重要ではない、という人もいるでしょう。家族は家計を共有する集団なので取引という概念にはなじまない、という意見もあるでしょう。たしかにそんな気もしますが、ただし、こんな通念が家事労働の経済的な意義をみえなくさせてきたこともまた事実です。

さらにいえば、「内側」と「外側」の境界線を引きにくいという問題を抱えているのは、なにも家族だけではありません。市場と取引の関係をめぐる問題を考えるとき、家族以上に悩ましいのは企業です。企業をめぐっては、すぐに様々な疑問が湧きます。沢山の従業員が働く企業を一つのアクターと考えてよいのか。企業の内部には、たとえばブルーカラーとホワイトカラーというように、利害を異にする集団が存在していますが、それらを一くくりにしてよいのか。あるいは、企業の「内側」と「外側」の境界線をどこに引けばよいのか。しかも、当然ながら、企業は経済活動を担う重要な存在です。

企業や家族をはじめとする、複数の人間から構成された集団をどう捉えればよいのか。とくにその代表格である企業と市場の関係をどう考えればよいのか。一九世紀末になると、こんな問題をめぐって様々な考察がなされはじめます。

企業の時代、始まる

企業の問題に想いをめぐらせた代表的な経済学者としては、ヴェブレン（合衆国、一八五七〜一九二九）やシュンペーター（オーストリア、一八八三〜一九五〇）がいます。彼らは、古典派から新古典派につらなる経済学の主流からちょっとはずれたところに位置しながら、でも、その後の経済学に大きな影響を及ぼしました。

彼らがこんな立場に立ったのは、目の前にある経済の実態がそれまでとは明らかに違ってきていることを実感したからでした。彼らがこの変化が急速に進んでいた国々で活躍したことは、そのことを象徴しています。

一八七〇年代から、合衆国やドイツを中心にして、欧米では大規模な企業の活動が目立つようになりました。一九世紀末から二〇世紀初頭になると、経済活動の主体は、職人をはじめとする小生産者から、独自の組織を持つ企業に、完全に移りました。大規模な企業が経済活動を支配するという事態は、ものつくり経済が終焉したことを意味しています。

これは、企業が価格や供給を決定する力を持ったことを意味します。逆にいえば、価格決定をめぐって市場メカニズムに寄せられていた信頼が低下するということです。だからワルラスはこの傾向に批判的であり、「完全競争」という状態を重視したのでした。

これに対して、合衆国やドイツの経済学者は、この過程は不可逆的なものであり、元には戻らないと考えました。とすれば、元に戻す方法を考えるよりは、企業を経済学的に分析し、企業をくみこんだ経済のあり方を理論化し、それをより良いものにする方策を考える方が生産的です。ヴェブレンやシュンペーターは、そう考えて、企業を経済学的に分析しようとします。

顕示的消費とは何か

ヴェブレンは一九世紀末に「有閑階級」を論じて鮮烈なデビューを飾り、のちに「制度学派」という経済学の学派の創始者とみなされることになります。でも、有閑階級、制度、経済学、この三つはどうつながるのか、考えれば考えるほどわかりません。

まず、有閑階級をめぐるヴェブレンの所説を見ます。彼は人間の本性は勤勉と節約にあると考え、これを「製作者本能」と呼びます。ところが、経済が発展するのに伴って富裕層が登場すると、事態は変わります。「有閑階級」と呼ばれる彼（女）たちにとって「労働は品位を落とすもの」（ヴェブレン［a］四八頁）にすぎません。彼（女）たちが尊敬され、羨ましがられ、妬まれるのは、むしろ閑暇と富を享受しているからです。だから、彼（女）たちにとっては、時間や財産を浪費し、この浪費をみせびらかすことが大切です。これが「顕示的閑暇」と「顕示的消費」です。

新古典派経済学は、人間は効用を最大にすることを目指して財を取引する、だから財の価格が上がれば需要は減る、と考えます。もちろん、その背景には、人間は経済人だという仮定があります。たしかに日常生活を考えると、この原則にもとづいて買い物をしているような気もします。これに対してヴェブレンは、有閑階級の経済活動は他人にみせびらかすことを最大の目的にしている、と考えます。有閑階級以外の人々だって、有閑階級の行動パターンを模倣し、あるいは有閑階級になりあがることを目指して働いています。だから顕示的消費は例外的な現象ではありません。この場合、価格が上がっても需要は減らないし、ことによると価格が上がったほうが需要は増えるかもしれません。横軸に財の量、縦軸に価格をとる直交座標を考えると、新古典派経済学が考える需要曲線は右下がりなのに対して、顕示的消費を仮定すると需要曲線は右上がりになります。

ヴェブレンと新古典派経済学の違いは、それだけではありません。新古典派経済学は、需要を左右するのは価格だけだと考えます。需要を価格の関数とみなしているわけです。これに対して、ヴェブレンは他人の目の影響力を強調します。需要を基礎付ける効用は、あらかじめ与えられているわけではなく、他人の目といった外部的なものによってたえずつくりだされ、変化を余儀なくされているわけです。

そして、彼は、製造者本能や顕示的消費といった「個人や社会の特定の関係や特定の機能に関する広く行きわたった思考習慣」（ヴェブレン［a］二二四頁）を「制度」と呼びます。制度は環境と人間をつなぐ役割を果たします。人間が既存の制度に適応し、あるいは変革を試みるなかで、制度は進化し、刻々と変化する環境に適応してゆきます。ヴェブレンは制度は進化すると主張し、「利益の最大化」だけを強調する新古典派経済学を批判しました。ここから、制度や進化を分析の対象に含める経済学が生まれます。これが制度学派経済学です。

「企業」という存在の独自性とは何か

有閑階級を特徴づける顕示的消費に、ヴェブレンは製作者本能を対置します。製作者本能は「実際的な方法、効率と節約への方策と計画、熟練、創造的な仕事、そして事実についての技術的な精通と関わりを持つ」（ヴェブレン［c］二八頁）思考習慣を意味します。効率といい、節約といい、熟練といい、技術といい、ここに出てくるキーワードはものつくり経済をおもいおこさせます。製作者本能とは、ものつくり経済を担った「職人、労働者、職工、技術者」（ヴェブレン［c］一五八頁）に特徴的な心性です。

ただし、ヴェブレンによれば、少なくとも合衆国は、一九世紀末にはすでに新しい時代に突入していました。この時代は「金銭的原理の最高の支配」（ヴェブレン［c］一八〇頁）を特徴とし、企業を担い、利益の追求に専念し、顕示的消費に勤しむ人々によって体現されます。新しい時代は企業の時代です。ヴェブレンは新しい時代には新しい経済学が必要だと考え、企業の経済活動を経済学にくみこむことを構想します。

企業の目的は財を生産することにありますが、ヴェブレン以前の経済学に生産の分析がなかったわけではありません。それなのに、なぜ、あらためて企業を対象にする経済学が必要なのか。それは「営利企業や営利原則の仕組みや帰結を、いっそう広くかつ細かく検討することは……現在の経済学説体系の多くの点の修正のようなものにみちびくかもしれない」（ヴェブレン［b］一頁）からです。企業は、一般的な「供給者」とか「生産者」とかいったカテゴリーでは説明できないような独自性を持っているのです。

ヴェブレンは企業の時代の特徴を、「機械過程」にもとづく「産業体制」、「利潤のための投資」を目指す「営利企業」、この二つに見出します（ヴェブレン［b］五頁）。そして、この二つの特徴は相対立していると主張します。彼にとって産業はものをつくることを意味しますから、企業とものつくりは矛盾しているわけです。かつて、企業は、社会で必要とされている財を生産する組織であり、ものつくりのための手段でした。ところが、いまは「産業は企業のためにいとなまれるのであって、その逆ではない」（ヴェブレン［b］二四頁）時代です。企業の時代には、企業はそれ自身が目的になり、逆にものつくりは企業が存続するための手段になります。

この新しい時代を担う企業は、財を生産して販売することによって利益を得ようとする一般的な「供給者」や「生産者」とは異なり、安く買って高く売ることを重視します。企業は株式や債券を買って値上がりを待つ投機活動を活発に展開します。それにともなって、企業の所有者は生産にタッチしなくなります。財の生産を管理するのは、工場長をはじめとする中間管理職の仕事になります。そして、もしも生産活動が投機活動を妨げるような事態が起これば、優先されるのは後者のほうになります。ヴェブレンの目の前で展開し、そして彼が描いたのは、大規模な企業が出現し、ものを作る以外の方法で利益を得ることにいそしむ、という事態でした。

また、企業は規模が大きいため、「産業組織の変化をひき起こし、主として、それ自身の発意によってひき起こされる価値基準の変化を通じて、その収益を追及する」（ヴェブレン［b］四一頁）力を持っています。なんだか小難しい文言ですが、要するに企業は財の価格を左右できるということです。たとえば、コーラ業界では二社がシェアの大部分を占めていますから、両者が手を結べば価格は簡単に上がります。こんな、生産者が価格を決定する力を持つという事態は、当初の新古典派経済学の枠組には収まりません。ワルラスの「模索」という方法を見ればわかるように、限界革命三人組は、消費者も生産者も与えられた価格を前提に行動すると考えたからです。

価格を左右できる力を持ったアクターを「独占」と呼びます。企業の時代の経済学は独占の問題を扱えなければなりません。「企業の努力目標は、できるだけ多くの独占を確立すること」（ヴェブレン

［b］四四頁）なのですから。[1]

1　新古典派経済学は、その後、「独占」や、消費者や生産者が独占状態にある場合に生まれる「不完全競争」を、分析の対象としてカバーするようになります。また、価格以外にも需要を決める要素があるというヴェブレンの指摘もとりこんでゆきます。新古典派経済学の底力は馬鹿にできません。

ヴェブレンは制度や進化を視野に収め、企業の独自性をくみこんだ経済学をつくりあげようとしました。彼の営みをうけついだ経済学者たちもまた、企業を理論的に説明しようとします。その際、彼(女)たちは二つの点に着目します。まず、財の種類を選んだり、財の生産量を決めたりする際になされる意思決定をはじめとする、企業の思考習慣。そして、複数の人間によって構成される企業の内部の組織。こうして、企業を対象とする経済学が発展してゆきます。

6・2　企業をめぐる考察の系譜

シュンペーターは「イノベーション」という言葉を人口に膾炙させた

イノベーションという言葉を目にしない日は珍しくなりました。こんなに人口に膾炙したイノベーションですが、この概念をはじめて経済学に導入したのがシュンペーターです。

彼がイノベーションに注目したのは、経済の発展という現象を解明したいと考えたからでした。まず、経済が発展する際に財の生産者がどう行動するかを考えてみます。大きな変化は起こらず、現在の経済のあり方がそのまま大きくなるような、いわば連続的な発展の場合は、これまでと同じ需要が単純に増えてゆくと予想できます。だから、生産者は、利益を最大にすることを考えて、これまで通りの財をちょっと多めに生産し、供給します。これが、新古典派経済学が考える発展のあり方であり、生産者の行動です。

これに対して、新しい財や生産方法や製品市場や原料供給源や生産組織が発見されたり新しいかたちでむすびあわされたりして劇的な変化が起こり、いわば経済が不連続に発展する場合があります。新しい財が発明され、生産され、販売され、それまであった財を駆逐し、人々の暮らしを変えてゆくような事態です。シュンペーターはこんな発展のほうに関心を寄せ、それを現実のものにする営みを「新結合」と呼びました。新結合は、のちに「イノベーション」と呼ばれることになります。

生産者にとって、イノベーションには「新しい財が売れるかどうか、わからない」という問題があります。でも、他の生産者がその財を作っていないことを考えれば、イノベーションはチャンスです。うまくすると「新しい欲望が生産の側から消費者に教え込まれ、したがってイニシアティヴは生産の側にある」(シュンペーター［a］上巻一八一頁)という事態になるかもしれません。

シュンペーターは、新しい財を作り、困った事態をチャンスに変える生産者を「企業者」と呼びます。イノベーションはまったく新しい営みですから、企業者は時流に逆らうことを覚悟しなければなりません。単に、技術に強いとか、発明の才能があるとか、企業を持っているとかいうだけでは、企業者にはなれません。利益を最大にするという目標だけを追うときには不要だった創意や権威や先見の明を備えている必要があります。

シュンペーターは、企業者が出現する条件として、融資する出資者や銀行、イノベーションを実現すれば得をするような可能性、企業者になる能力を持った人材、などを挙げます。ただし、これらは必要条件であって十分条件ではありません。銀行と可能性と人材がそろったからといって、企業者が自動的に出現するという保証はありません。イノベーションは意図してできるようなものではありません。大体、企業者とは「他になすべきことを知らないために、たえまなく創造をする」（シュンペーター［a］上巻二四四頁）人種です。そんな人材をうみだす方法なんて、簡単にみつかるわけがありません。[2]

2　個々の生産者にかかわる事象であるイノベーションと、総体としての経済にかかわる事象である景気との関係については、この本で触れることはできません。ちなみに、シュンペーターは、景気についてもイノベーション論的な理解をしていました（竹森［a］）。それによると、ある技術システムが古くなり、人々のニーズに応えられなかったり生産性の水準を維持できなくなったりすると、財が売れなくなり、不況になります。不況のなかで、一方で古い技術システムに固執する企業や職人は淘汰され、他方でイノベーションが起こります。イノベーションを実現した生産者が不況をのりきり、新しい好景気を準備する、ということになります。こんなシュンペーターの景気理論については、賛否両論があります。

シュンペーターが見出した企業者が経営する企業は、利益を最大にするのではなく（あるいは、それだけではなく）「たえまなく創造をする」ことを目指し、それを目指して意思決定をおこない、それにもとづいて行動します。こんな企業の分析をさらに深めるには、それなりのツールが必要です。

企業を扱う学問領域といったら、当然経営学ではないのか

経済学にとなりあう学問領域として「経営学」があります。大抵の大学の経済学部には経済学科と経営学科が設けられているし、大学によっては経済学部と経営学部が並んでいます。では、経済学と経営学の間に違いはあるのか。こう聞くと「言葉が違うのだから、違いはある」という答えが返ってくるかもしれません。では、何が違うのか。こう聞くと「経営学は企業を研究し、経済学は総体としての経済を研究するから、研究対象が違う」という答えが返ってくるかもしれません。でも、企業だって経済のなかで活動するアクターの一つです。企業と経済は、そんなに簡単には分けられません。ただし、経営学が企業を主な研究対象にしていることもまた事実です。とすると、経済学と経営学では企業の捉え方が違う、という気もします。

経済学は企業を経済的なアクターとみなしますが、古典派や初期の新古典派は企業の「内側」を論じたり検討したりすることはありませんでした。つまり、企業を、あたかも一人の個人であるかのように、自営業者や職人と同じ「供給者」や「生産者」というカテゴリーで扱ったわけです。そして、先に述べたように、一九世紀末から大規模な企業が続々と出現するようになって、「これではまずい」

と考えた経済学者が出現し、企業の独自な性格を考慮に入れながら経済を分析しはじめます。
ただし、企業の時代に対応する方法としては、これが全てではありません。総体としての経済の問題はとりあえずカッコに入れておき、独自な存在としての企業を、そのものとして分析の対象にする、という立場も「あり」でしょう。企業を「そのものとして」分析するとは、つまり、企業の「内側」を明らかにし、そのうえで「内側」と「外側」の関係を検討する、ということです。経営学は、この立場を基本的な出発点とし、企業を対象とする経済学との間で密接な関係と微妙な緊張を保ちながら展開してきました。

学問領域としての経営学は、企業の時代が始まった一九世紀末、ドイツと合衆国で誕生しました（経営学史学会編［a］）。初期の経営学者の関心は、大規模な組織をどう管理すれば利益が最大になるか、という「管理」の問題に集中していました。でも、利益を最大にするという問題は経済学の得意技ですから、このままだったら、経営学が独自の学問領域である必要はありません。経営学が自立するためには、なおしばらくの時間が必要でした。そして、企業の「内側」を独自な方法で研究する学問領域として経営学が確立するのに大きな役割を果たしたのが、一九三〇年代に発表された一つの企業調査報告でした。

バーリとミーンズは「所有と経営の分離」を発見した

一九二八年、アメリカ社会科学調査評議会は、株式会社の現状を分析するため、法学者バーリ（合衆国、一八九五〜一九七一）と経済学者ミーンズ（合衆国、一八九六〜一九八八）に実態調査を委嘱しました。四年後、二人は膨大な調査と分析の結果を公表します。

株式会社はいくつかの特徴を持っています。たとえば、設立に必要な資本金は、均等な金額の「株式」に分けられていること。出資する「株主」は、株式による出資額を限度とする責任、つまり有限責任を負うこと。株式は少額、有限責任、しかも大抵は譲渡が容易な証券（株券）というかたちを採るため、多数の出資者からの投資が期待できること。大規模な企業を設立するのに適していること。でも、これだけだったら、株式会社は他の企業形態と本質的には変わりません。問題は、株式が売買される株式市場が整備されると、いったい何が起こるか、にあります。株式市場では企業の業績や予想を見ながら株式が売買されますが、取引が活発になると、沢山の買い手と売り手が参入します。株主の数は増え、株式を保有する期間は短くなり、株式を購入する動機としては、企業の経営に参加することよりも、配当を受取ったり株式の売買から利益を得たりすることのほうが重視されるようになります。こうして、株主の地位は、企業の所有者から、配当やキャピタル・ゲイン（売買差益）の単なる受取者に変わります。企業の経営は、といえば、それは専門家である経営者の仕事になります。彼（女）たちは株主から経営を委ねられ、事実上、企業を支配します。

バーリたちが調査を進めるなかで見出したのは、合衆国の株式会社がまさにこの方向に進んでいることでした。彼らはこれを「所有権と支配との大なる分離」（バーリ他［a］五頁）と呼びます。この現象は、いまでは「所有と経営の分離」と呼ばれています。かつては「金も出すが口も出す」とばかりに企業を支配していた出資者は、株式会社という制度のもとでは支配権を失い、株主という「口を出さない金づる」になってしまったわけです。

ここで面白いのは、出資者が口も金も出していた企業（私企業）と株式会社とでは、企業の目的まで変わってくる、ということです。私企業を支配する出資者は、企業の利益を最大にすることを目指します。それが自分の利益を最大にすることにもなります。これは、古典派や新古典派の経済学者が想定している生産者と同じ行動パターンです。でも、株式会社では、経営者は企業の利益を総取りできないし、逆に利益を総取りできる出資者は企業を支配できません。そうなると、企業の利益と経営者の利益との間には、さらには経営者の利益と出資者の利益との間にも、ズレが生じます。

このズレのせいで、経営者が企業の利益を最大にすることを考えて経営に携わる保証はなくなります。逆にいうと、企業の目的は利益を最大にすることとは限らなくなります。自分が支配する企業を少しでも長く存続させることや、企業ではなく自分の利益を最大にすることが、経営者にとって最重要な目的になることだって、十分にありえます。

こうして、株式会社の行動は「利益の最大化」という一言だけでは特徴づけられないような複雑な性格を持っていることが明らかになりました。利益の最大化を議論の大前提にしている経済学を用いるだけでは、株式会社の分析は困難です。株式会社のような大企業の経営者の目的とか、その目的にとって望ましい組織や戦略とかいった問題にとりくむためには、別のアプローチが必要です。それをみつけたいと思ったら、経済学ではない学問領域を探すしかありません。こうして、組織や戦略といった企業の「内側」を独自な方法で研究する学問領域としての経営学が確立してゆきます。

コモンズやコースは企業を分析できる経済学を構想した

かくして、株式会社に代表される企業の内部は経営学、それ以外の領域は経済学、という、二つの学問領域の分業にもとづく平和共存が進んだ、といえれば「めでたし、めでたし」ですが、世の中そう単純ではありません。たしかに、企業の「内側」のうち戦略については、経営学の独壇場という状態が続きます。これに対して、企業の組織をめぐっては、経済学と経営学のせめぎあいが始まります。

火をつけたのは、制度学派の一人コモンズ（合衆国、一八六二〜一九四五）です。企業の時代に生きた経済学者らしく、彼もまた企業や労働組合や任意団体の経済活動をどう説明するかという問題に直面します。どうもこれらは利益を最大化するために行動しているようにはみえないのです。

コモンズは財の意義を再検討することが必要だと考えます。財を単なるものやサービスと考えると、その意義は価値なり効用なりで測ることができます。これに対して、コモンズは財を「物を取得し利用し処分することにおいて期待される活動の自由」という観点から捉えます。そうすると、財の意義は「物に関して期待される行動」（コモンズ［a］二六〜二七頁）にある、ということになります。利益や効用を増やすことではなく、それを利用して自由な活動をすることのほうが大切なのです。こんな目標を実現するために、様々なアクターが様々なかたちで財を取引します。そして、ちゃんとした取引がなされるように、ルールが作られます。

こう考えるには、取引の定義を広げることが必要です。たとえば、ある企業の従業員が一所懸命に働き、そのおかげで昇進した場合、新しいポストでは活動の自由が広がるから、この昇進もまた一種の取引だといえます。従業員は労働を提供し、企業はポストを提供し、両者が取引された、というわけです。コモンズは、こんな現象も取引に含めるために、取引を「所有権の獲得と譲渡」と定義します。獲得されたり譲渡されたりするものは、とりあえず何でもよいとします。取引されるものの価値が互いに等しいか否かも、とりあえず問題になりません。

そのうえで、コモンズは取引を三つの種類に分けます。財やサービスを対象に市場で営まれる「売買取引」、戦時下の食料割当など、財やサービスの分配にかかわり、「政策決定者」の命令にもとづいて営まれる「割当取引」、そして、労働契約など、財やサービスの生産にかかわり、上位者の命令にもとづいて営まれる「経営取引」（コモンズ［b］五〇〜五一頁）です。

三種類の取引のうち、第一のものは市場取引にあたり、第二のものと第三のものは企業をはじめとする集団の内部の営みに適用できます。つまり、コモンズが提示した取引の概念を使うと、企業の「外側」にある市場と企業の「内側」の組織とを同列に論じることができます。これは、前者を研究するとされてきた経済学と、後者を研究するとされてきた経営学との関係を再検討しなければならない、ということを意味していました。

そのためのツールを提示し、経済学が企業の組織を研究対象にすることに道を開いたのが、第四章でも触れたコースです。政府と市場の関係にかかわる定理を証明したことからもわかるように、彼の念頭にはつねに「市場は人々の行動をどこまで説明できるか」という問題がありました。その彼が企業と市場の境界に想いをめぐらしたのは、当然の理でしょう。

市場では、価格を目安にしながら財が取引されます。これに対して、企業という組織では「調整者としての企業家が生産を方向づける」（コース〔a〕四一頁）ことになります。市場と企業は、経済システムを「調整」する二つの方法です。こう考えたうえで、コースは、二つの方法から一つを選ぶ場合、選択の基準は何か、という問題を考えます。古典派から新古典派に至る経済学では、市場では最適な取引量と取引価格が実現されると考えられているが、それなら企業が生まれる理由は何か、ということです。

現実に企業が存在しているからには、企業には市場にないメリットがあるはずです。コースは、それを「市場利用の費用」に求めます。経済学者は、それまで「市場で取引が営まれる際に費用がかかる」などという事態は想定しませんでした。でも、よく考えると、価格を決めるためには情報を集めなければならないし、取引を進めるためには交渉や契約といった手順が必要になります。これにはすべて費用がかかります。企業が設立されるのは、この費用を節約するためです。取引を企業の内部でなされるようにしてしまえば、取引される財の価格を決める必要はなくなるし、企業の内部にとりこまれた取引をめぐって交渉や契約をする必要は減ります。自動車製造企業が、部品製造企業との取引が煩雑で費用がかかるという理由で、自分で部品を作りはじめるようなものです。

では、企業はいつでも市場より有利かといえば、そうではありません。企業には、市場にはない、経営管理にかかわる費用をはじめとする「取引を企業内に組織化する費用」（コース［a］四八頁）がかかります。だから「市場利用の費用」が「企業内に組織化する費用」を上回っていれば、企業を利用するほうが有利なので、既存の企業が大きくなったり新しい企業が設立されたりします。逆の場合は、市場を利用するほうが有利なので、企業の規模が小さくなったり倒産が増えたりします。二つの費用が等しくなると、市場と企業は均衡し、両者の状態は安定します。

コースが提示した二つの費用は、のちに「取引費用」と呼ばれることになります。この概念をツールとして利用すれば、市場と、組織としての企業とは、同列に論じることができます。このことは、企業の組織までが経済学の研究対象になり、経営学の固有の領域が狭まることを意味していました。

ウィリアムソンは取引費用の経済学を体系化した

取引費用という概念を利用し、企業の組織を経済学的に分析する、という方法を体系化したのが「新制度学派」です。なぜ「新」制度学派か、というと、ヴェブレンをはじめとする制度学派と違って、新古典派経済学の枠組を利用して分析を進めるからです。もちろん、だからといって、制度学派経済学の成果を無視している、というわけではありません。たとえば、この学派を代表するウィリアムソン（合衆国、一九三二〜）を見ると、企業の経済学的な分析を進めるにあたって、彼の念頭には「取引」という概念を重視するコモンズの所説がありました。

ウィリアムソンによれば、取引費用という概念を考慮に入れて考えると、市場と企業は「取引を完遂するための代替的な用具」(ウィリアムソン［a］一六頁)とみなせます。つまり、企業と市場は同じ土俵で比較したり分析したりできます。ただし、これだけだったら、すでにコースが述べていたことで、新味はありません。ウィリアムソンの功績は、その先に進み、企業(あるいは市場)が選択されるのはどんな場合か、その理由は何か、という問題を具体的に考えたところにあります。

彼は、取引費用を左右する要因として、取引に携わる人間の特性、取引をとりまく環境、この二つを挙げます。そして、前者については限定合理性と機会主義、後者については不確実性と少数性を重視します。ここで、限定合理性とは「合理的であろうと意図されてはいるが、かぎられた程度でしか合理的ではありえない」(ウィリアムソン［a］三七頁)ことを意味します。実際、人間にとって、完全に合理的に行動することは無理です。機会主義とは自己の利益を(空脅しや空約束といった)まともでない方法で追求することを意味します。不確実性とは将来が完全には予測できないことを、そして少数性とは取引の参加者が少ないことを、各々意味します。

このうち限定合理性と不確実性が並存し、先のことがわからないのに合理的な判断ができない場合は、市場で取引をするには、かなり慎重に意思を決定しなければなりません。そのための費用は馬鹿になりません。これに対して、企業のなかだったら、ちょっと間違った決定を下しても、相手も同僚だから修正がきくし、「あうんの呼吸」も期待できます。どうも企業のほうが、取引費用が少なく、有利なようです。

機会主義と少数性が並存し、取引相手が少ないのに彼(女)たちの約束が信用できない場合は、市場で取引しようと思ったら、詳細な契約書を作り、しかも相手がちゃんと約束を守るよう監視しなければなりません。これまた費用は馬鹿になりません。これに対して、企業のなかだったら、他の部署に対して空約束をしても個人の利益にはならないし、監視も簡単だし、なによりも最後には「命令」という手段があります。やはり企業のほうが有利なようです。

機会主義と不確実性が並存し、先のことがわからないのに取引相手の約束が信用できない場合は、沢山の情報を握っている者が勝つという情報戦になります。市場で取引する費用はかさむことになり、ここでも、機会主義を抑えることができる企業が有利です。

もちろん企業が万能だというわけではありません。企業が大きくなると、企業の内外を必要以上に区別したり、部署の目的と企業全体の目的とがずれたり、企業全体の管理が難しくなったり、ことなかれ主義が蔓延するなど、いわゆる大企業病が始まります。そのうちに、企業の取引費用は市場の取引費用をこえるようになります。これが企業の限界です。そこから先は市場に任せるべきです。

こんな所説を、ウィリアムソンは、様々な事例に触れながら、あざやかに展開します。

おまけ・情報の経済学

ウィリアムソンが示した三番目の場合、つまり機会主義と不確実性が並存する場合は、情報のあり方が問題になります。そういえば、市場も企業も、取引を通じて財のみならず情報を流通させています。じつは、企業の経済学は、情報の問題をつねに念頭に置きながら発展してきました。ここで、ちょっと脱線して、情報という問題を経済学がどう扱ってきたかを見ておきます。

初期の新古典派経済学では、情報のあり方は問題になりませんでした。ワルラスの「模索」を見ればわかるように、取引者は一堂に会して一斉に取引をします。これではかくしごともできないし、みんな同じだけの情報を持てます。これが「完全情報」です。

でも、企業にとって情報は命だ、ということを考えるだけでも、完全情報という考え方には無理がありそうです。企業のなかでも、そして他人と取引する市場ならばなおさら、ウィリアムソンのいう機会主義的な行動を採りたくなるのは世の倣いです。取引は不完全情報の状態で営まれると考えたほうが、どうも実態には即しています。不完全情報の状態では、取引はどうなるのか。この問題を扱い、一九七〇年代から発展してきたのが「情報の経済学」と呼ばれる分野です。[3]

3　ただし、完全情報を前提に分析を進める経済学は現実離れしている、とはいえません。いずれ不完全情報という条件を足して分析を進めるつもりがあれば、まずはじめは完全情報を仮定して分析を始めても、たいして悪くはないはずです。問題があるとすれば、それは、次に述べるアカロフの仕事まで、不完全情報という条件をつけたして分析する試みが進まなかったことにあります。

情報の経済学を開拓したのはアカロフ（合衆国、一九四〇〜）です。彼は中古車市場を例にとって「不正直の経済的費用」（アカロフ［a］九頁）を考えます。なお、アカロフがいう「不正直」は自分が持っている情報を取引の相手に伝えないという行動を指し、それ以上の意味はありません。

彼が示したモデルを、かなり簡略化して見ておきます。一般に中古車市場では、売り手であるディーラーは中古車各々の品質をよく知っています。でも、買い手である客が各々の品質を知ることは、信頼できるディーラーの力を借りない限り、なかなか困難です。大抵の場合、ディーラーと客の間には、持っている情報の量に違いがあります。これを、経済学では「情報の非対称性が存在する」と（いかめしく）表現します。客は一種の不完全情報の状態にあるわけです。

さて、ディーラーの店頭に中古車が四台ある場合を考えます。客は、それらが、六万円分の品質を持つA、四万円分のB、二万円分のC、0円分の欠陥中古車Dだ、ということは知っているが、どれがどれかはわからない、とします。もちろん、ディーラーは知っています。

品質が六万円分か四万円分か二万円分か0円分かの確率は各々四分の一ですから、一台を選ぶときに期待できる品質は四つの平均値の三万円分です。とすると、客は三万円で買おうとするはずです。そう予想して、ディーラーは、三万円で売ると損をするAとBを店頭からひっこめるはずです。そう予想して、客は、残るのはCとDだろうと考え、三万円で買うと損するから、二台の品質の平均値である一万円で買おうとするはずです。そう予想して、ディーラーは、一万円で売ると損をするCを店頭からひっこめるはずです。そう予想して、客は、残るのはDだけだろうと考え、品質が0円分の欠陥中古車なら買う必要はないから店をたちさるはずです。おっと、取引が成立しなくなってしまいました。

ディーラーは売りたいし、客は買いたいのですが、情報の非対称性のせいで取引が成立せず、しかもよく見ると「商品の平均的品質……が減退する傾向」（アカロフ［a］九頁）まで生まれています。これが「不正直の経済的費用」です。こんな事態は、今日では「逆選択」と呼ばれています。4

4　逆選択が大きな問題になる例として、アカロフは健康保険制度を挙げます。合衆国では、年齢が高くなると、民間の健康保険に加入しにくくなるようです。たしかに高齢者は病気になりやすいでしょうが、それだけだったら保険料をひきあげればすむだけの話です。問題は、保険会社は保険料をひきあげにくいという点にあります。
　加入希望者の健康状態は、保険会社よりも本人のほうがよく知っています。このように情報の非対称性がある場合、保険料が上がっても保険に加入しようとするのは誰か。それは、やがて保険を利用することを自覚している人々、つまり健康状態が良くない人々です。これに対して、自分の健康に自信を持っている人々は、高い保険料を払う気にはなれず、保険から脱退します。こうして逆選択が生じ、保険金の支払いが増え、保険会社の経営を圧迫してゆきます。アカロフは、この事態を解消するためには公的な、つまり強制的に全員を加入させる保険制度が必要だと主張します（アカロフ［a］一六頁）。

アカロフの分析は、情報のあり方は取引の存否にまで影響するほど重要な問題だということを明らかにしました。そして、これに影響と刺激を受けて、情報のあり方を経済学にくみこむべく、情報の経済学が始まります。

企業の時代、経済学と経営学は共生できるか

ぼくらは、依然として企業の時代に生活しているし、これからも企業の時代は続くに違いありません。だから、企業を分析することの重要性は、増えこそすれ、減ることはないでしょう。では、経営学と経済学はどんな関係をとりむすべばよいのか。

かつてのように、経営学は企業の「内側」、経済学は企業の「外側」（つまり市場）、と平和共存する時代は終わりました。たとえば企業の「内側」の重要な一部をなす組織は、いまでは経営学のみならず経済学の分析対象になっています。そして、新制度学派が確立するにしたがって、経済学が優位に立ちつつあるようです。では経営学は用なしか、といえば、そうではありません。まだ戦略の分析が残っています。

経営学を大雑把に経営組織論と経営戦略論に分けると、いきのこるとしたら後者です。いまのところ、経済学の枠組や道具では、経営戦略は十分に分析できないからです。経営戦略の中核をなすイノベーションを経済学がどう扱ってきたかを顧みれば、そのことは明らかでしょう。というわけで、経営戦略論の今後を展望しておきます。もっとも、この本は経営学の教科書ではないし、ぼくは経営学の専門家ではありません。だから、「展望」というよりは「予想」、「予想」というよりは「うけうり」といったほうが適当です。

ミンツバーグ（カナダ、一九三九〜）たちによると、「戦略形成についての考え方」（ミンツバーグ他［a］四頁）は、なんと一〇の学派に分類できます。このうち三つの学派は「最適な経営戦略を作るためには

こうするべきだ」と説く規範的なアプローチを、残りの七つは「最適な経営戦略はこのように作られてきた」と述べる記述的なアプローチを採っています。ただし、どちらのアプローチにも大きな問題があります。最終的に経営戦略をうみだすのは、経営者にせよ従業員にせよ企業組織にせよ、とにかく誰かの創造力です。ところが、規範的なアプローチを採る学派は、どれも創造力の源泉を明らかにできていません。たとえば、目標を数値化すれば創造的な戦略がみつかるというのであれば、コンピュータ全盛時代の今日、どの企業も苦労しないでしょう。これに対して、記述的なアプローチを採る学派のなかには創造力の源泉にかなり接近しているものもありますが、いかんせん、そこで記述された最適な経営戦略の例が他の場合に応用できる保証はありません。

規範的なアプローチを採る学派の所説は隔靴掻痒、記述的なアプローチを取る学派の所説は応用力不足。経営戦略論に期待する経営者だったら、どちらのアプローチにも、したがってどの学派にも、欲求不満を感じることでしょう。ただし、逆にいうと、経営戦略論は未開拓の土地です。また、現在の経済学には、経営戦略を十全に論じたり分析したりする力はありません。経営の役に立つ可能性もないわけではありませんが、あくまでも助っ人に留まる可能性が大です。

そんなことを考えると、経営戦略の問題は今後も基本的には経営学の守備範囲に留まるように思います。こんなかたちで、経済学と経営学は共存しつづけるのではないでしょうか。そして、この問題に適切な答えをみつけることができるか否かが、経営学の試金石になるに違いありません。

第7章　失業

7・1　ケインズ

ミクロ経済学とマクロ経済学の違いは何か

一字違うだけでそっくりですが別々の経済学として、ミクロ経済学とマクロ経済学というのがあります。この二つの間に違いはあるか、あるとしたら何か、と聞かれたら、どう答えますか。じつは、両者の定義や、両者の関係は、つねに変化しています。それでも、どういうわけか、両者を一緒くたに考えようという声は、あまり聞いたことがありません。

たとえば、新古典派経済学の代表的な教科書は「ミクロ経済学は、経済を構成する個々の主体、すなわち企業、家計および個人の行動に焦点を当てる」のに対して「マクロ経済学は、経済全体の行動、とりわけ全般的な失業率、インフレ率、経済成長率、また貿易収支のような集計された量の動きを見る」（スティグリッツ［a］二九頁）と、やはり両者を区別して定義しています。でも「個々の主体……の行動」から「集計された量の動き」を見てはならない理由がわかりません。

ミクロ経済学の基本的な所説は、人々が合理的に行動すれば、人々にとって最適なかたちで取引がなされ、しかも安定する、ということです。市場では、外側から変な圧力がかからない限り、市場メカニズムによって需要と供給が一致して取引価格が決まり、この価格で取引がおこなわれれば消費者と生産者の利益は最大になります。これは、新古典派経済学の中核をなす考え方でもあります。

ここからは、行動する主体が一人だろうが二人だろうが三人だろうが、ミクロ経済学の基本的な所説に変わりはない、ということがわかります。もしもそうだとすると「集計された量の動き」だって、ミクロ経済学を利用して分析できるはずです。逆にいうと、マクロ経済学は単なる分野ではなく、独自な理屈にもとづく理論である、というためには、「行動する主体が多数になると、ミクロ経済学の基本的な所説があてはまらなくなる」ことを証明しなければなりません。

ミクロ経済学が想定している市場メカニズムでは、全てのものごとがスムーズに運びます。たとえば、「供給が需要を上回っている」という情報はスムーズに市場に広まり、価格はスムーズに下がり、生産者はスムーズに生産量を減らし、消費者はスムーズに消費量を増やします。そして、今度はこんな情報がスムーズに市場に広まり、価格がスムーズに上がりはじめます。このスムーズさが保証されている限り、ミクロ経済学の基本的な所説はつねにあてはまるはずです。逆にいうと、もしも市場メカニズムに何らかの問題点があれば、ミクロ経済学があてはまりませんから、ミクロ経済学以外の理論の出番が来ます。

というわけで、疑問は募るばかりです。ところで、ミクロ経済学は基本的には新古典派経済学と同じものですから、問題はマクロ経済学です。マクロ経済学は、やはり新古典派を母体にして、失業の問題をめぐって、一九三〇年代に誕生します。そして、新古典派経済学（ミクロ経済学）との関係をめぐってゆれうごくことになります。

大恐慌、始まる

一九三〇年代は、二つの世界大戦にはさまれた戦間期にあたります。戦間期の前半にあたる一九二〇年代は、第一次世界大戦が総力戦だったことを反映して、重要な人的資源である国民の福祉に対する関心が高まり、福祉国家化が進みました。合衆国を中心にして「大量生産・大量消費に特徴づけられた大衆消費社会化」（近藤編［a］三一九頁）も進みました。こう聞くと「良いことだらけ」ですが、事態は一九二九年に一変します。

この年の秋、ニューヨーク株式市場では株価が大暴落します。企業は資金調達に苦しみ、倒産、販売不振、人員整理の嵐がふきあれます。ものが売れないという事態、つまり不況の到来です。もっとも、不況は珍しくない、一九世紀のヨーロッパだけでも片手では足りないほどの不況が発生している、ともいえます。でも、今回はただの不況ではなく、工業生産は大幅に減り、失業率は二五％をこえました。これは、どう見ても「大」不況です。もっとも、大なり小なり不況は経済につきものであり、放っておいてもいつかは終わるはずだ、ともいえます。でも、今回はただの大不況ではなく、二年たっても三年たっても四年たっても、一向に終わる気配がありませんでした。この、永遠に続いて経済全体を崩壊させるかのような大不況は、のちに「大恐慌」と呼ばれることになります。

大恐慌は合衆国だけの問題ではありません。第一次世界大戦に敗れたドイツは、膨大な賠償金を払うために、合衆国から借金をしていました。ところが、大恐慌のせいで、この資金が合衆国に戻ってしまいます。こうして、合衆国で始まった大恐慌はヨーロッパに飛び火し、さらには日本など世界各地に広まります。最大の打撃を受けたドイツでは、工業生産は四〇％減り、失業率は三〇％をこえます。

大恐慌は一九三〇年代後半まで続きます。この事態に対して、フランスやスウェーデンでは、政府が、経営者団体と労働組合に対して、トップ会談で大恐慌をのりきるための方策を論じるようよびかけます。経営者団体に対しては人員整理を控えることが、労働組合に対しては賃金引上げの要求を控えることが、各々要請されます。ロシアでは、社会主義革命を経て経済の計画化が進み、一定の成長に成功します。このことを知った諸国でも（何らかのかたちで）計画経済を導入して大恐慌を終らせなければならないという主張が生まれます。ドイツでは、ヒトラー率いる国民社会主義ドイツ労働者党（ナチス）が内閣を組織し、戦争に備えて軍需産業に対する発注を増やします。これは一種の公共事業とみなせますが、こうしてドイツは意外と早く大恐慌からたちなおります。合衆国では、ローズヴェルト政権が成立し、有名なニューディール政策を始めます。

諸国の対応を見てわかるのは、恐慌というような危機的な状況では政府が何らかのかたちで経済の領域に介入しなければならないというコンセンサスが生まれたことです。そして、大恐慌のなかで何といっても問題になったのは、大量の失業者でした。四人に一人、あるいは三人に一人が失業者というのでは、もはや「石を投げれば失業者に当たる」ようなものです。これは社会不安をひきおこすのに十分な水準です。[1]

1 当時の新古典派も、人々の貧困という問題を無視したわけではありません。たとえば、ピグーは貧困という問題を解決するためのツールとして厚生経済学を構想し、様々な政策を提言しました。ただし、それらは「もともと大規模な失業問題の解決策を意図したものではなく」(西沢他［a］一四七頁)、大恐慌に直面した人々の期待には応えられませんでした。

経済学者は困った

大恐慌の原因、つまり、不況が起こり、規模が大きくなり、長引いた理由は何か。それを克服するにはどうすればよいか。不況は経済的な現象ですから、この問題に答えるのは経済学者の仕事です。でも、当時の経済学者は答えに困りました。

経済学を用いれば、不況が起こる原因は示せます。需要をぴたりと予想して供給を決められるような全知全能の人間なら話は別ですが、実際には、ぼくらは様々な間違いをします。だから、供給が需要を上回ることがあります。そうすると財の価格は下がり、生産量は減ります。これが不況です。

不況の脱出法もわかります。それは、特別なことは何もせず、市場メカニズムに任せて放っておくことです。ワルラスの「模索」をおもいだせばわかるように、ちょっと時間と手間をかければ、どんな場合でも、いずれ必ず、市場メカニズムによって需要と供給は一致します。不況とは、なにかの間違いによって供給が過剰になったときに、供給と需要を一致させる過程です。そして、不況によって財の価格が下がり、供給が減れば、供給過剰は解消し、価格の低下も止まります。こうして、市場メカニズムの働きによって不況は終わり、失業者も職をみつけるはずです。

不況の規模が大きくなり、大不況になる理由もわかります。つまり、大きな「なにかの間違い」が生まれ、大規模な供給過剰になれば、取引が再び均衡するために必要な価格の低下も生産量の減少も激しいものになります。これが大不況です。

ところが、不況が長引く理由は、よくわかりません。経済学者は不況が「必ず」終わることを保証しますが、終わる時期については「いずれ」というだけです。でも「いずれ」とは、一体いつなのか。「いずれ」が十年後、あるいは百年後だとしたら、放っておいても終わる日が「必ず」来ると保証することに何の意味があるのか。

そうこうしているうちに、一部の経済学者の間に「放っておいたら、いつまでも不況は終わらないのではないか」という疑念が生まれます。大恐慌が終わらなければ、いつまでたっても失業者は減らず、社会不安が高まる危険があります。彼（女）たちは「市場メカニズムのどこかに問題点がある」と考えるようになります。

「期待」を考慮に入れるには、どうすればよいか

マクロ経済学の誕生を理解するためには、もう一つ、当時の経済学界の知的な状況を知っておく必要があります。問題は、経済学は「期待」と「貨幣」をどう扱えばよいか、にありました。

まず、期待の問題です。経済活動は一瞬の取引だけで終わって完結するわけではありません。ぼくらは、このさき何が起こるかを予想しながら、そのときそのときの行動を決めています。ですから、現在の経済活動を分析する際も、将来の問題を考慮に入れ、将来が現在にどんな影響を与えるかを考えなければなりません。これは、現在と将来をつなぐ時間をどう扱えばよいか、という問題です。将来についての予想を「期待」と呼びますが、ぼくらは期待を通じて将来を考慮に入れ、現在の行動を選択しています。

たとえば、マンションを買いたいと思って新聞を読んでいたら「今年から来年にかけて物価が一〇パーセント上がりそうだ」という記事を見たとします。ぼくらには「マンションの価格も一〇パーセント上がる」という期待が生まれます。では、手元に一〇〇〇万円の資金があるとして、マンションを今日買うべきか、それとも来年買うべきか。経済学者は、手元にある一〇〇〇万円を銀行に預けて

利子をもらう場合と比べることを勧めます。預金の利子率が一〇パーセントより高ければ、一年間銀行に預ければ手元の資金は一一〇〇万円より大きくなりますから、いまの家に不満がなければ、まずは預金して、来年マンションを買ったほうが得です。一〇パーセントより小さければ、銀行に預けても来年の手元資金は一一〇〇万円に届きませんから、いまマンションを買ったほうが得です。

将来にかかわる問題は、期待と利子率を媒介にして、現在の経済活動と接続できます。こうして、将来と現在を同列に扱い、それによって時間をこえた取引を考え、時間を経済学の枠組にとりこむ道がひらけます。

でも、期待がいつも当たるとは限りません。先の例でいうと、一一〇〇万円に値上がりするはずだったマンションが、実際には、一年たったら一二〇〇万円に値上がりしていた、という事態が起こるかもしれません。こんな不確定な将来を含んだ時間を、こんな曖昧な期待を媒介にして、分析に導入するなんて、本当にできるのか。

ただし、経済学者に聞くと「それは絶対に無理だ、というわけではありません」という答えが返ってくることでしょう。たとえば、サイコロの目を予測する場合のように、「物価上昇率の予測は、正確に当たる確率が五割、予測の倍になる確率が二割、まったく上がらない確率が三割」ということがわかっているとします。一〇パーセントという予測が出た場合、現実の上昇率が0パーセントになる確率が三割、一〇パーセントの確率が五割、二〇パーセントの確率が二割、だから、現実の上昇率は、三つの平均をとって九パーセントになる、と期待できます。将来は不確定かもしれませんが、「結果の分布は知られている」場合は「予測し得る」（ナイト［a］二六八頁、三〇六頁）のです。そして、そんな不確定性を孕んだ将来や時間であれば、確率を計算するという方法を利用して、経済学の分析対象にくみこむことができます。そうすれば、取引が均衡する価格や取引量を求めることができます。

でも、ナイト（合衆国、一八八五〜一九七二）によれば、問題はそんなに簡単ではありません。たしかに「予測し得る」不確定性であれば、確率を計算することによって「完全な確実性に帰着させ得る」（ナイト［a］三〇三頁）はずです。こんな不確定性を「リスク」と呼びます。これに対して、測定も予測もできないような不確定性が存在します。これを「不確実性」と呼びます（以後、カギカッコを付けた「不確実性」や「不確実」は、ナイトがいう意味での「不確実性」や「不確実」を指すことにします）。この「不確実性」は確率を計算できません。ですから、それを孕んだ将来や時間についての期待も「不確実」です。[2]

2　ナイトが不確定性の問題を分析したのは、経営者の取り分である「利潤」の根拠を探るためでした。彼によれば、経営者が手に入れる利潤は（「リスク」と異なる）「不確実性」を孕んだ将来にかかわる決断を自己の責任において下すことの対価です。こんな決断をする経営者をナイトは「企業者」と呼びますが、これはシュンペーターのいう「企業者」に似ています。

しかも、ナイトによれば「判断の執行」や「将来の出来事」をめぐる不確定性は「リスク」ではなく「不確実性」に属しています。そして、それについての期待は「現実に私共の行為の多くを導く」

（ナイト［a］三〇六〜三〇七頁）はずです。こんな大切な不確定性の確率が計算できないとしたら、確率と期待と利子率を媒介にして将来や時間を経済学の分析対象にくみこみ、将来を含めた取引が均衡する価格や取引量が求めることは、ほとんど不可能か無意味にみえます。

測定も予測もできない「不確実」な経済事象の代表的な存在といえば、大恐慌です。大恐慌は、リスクではなく「不確実性」にもとづく期待をくみこみ、そのうえで市場メカニズムの問題点を指摘できるような経済学を構想することを、経済学者に求めていました。

「貨幣」を考慮に入れるには、どうすればよいか

もう一つの問題は、貨幣の働きに関わっています。二〇世紀に入ると、取引が物々交換だった時代は遠い昔になり、取引は貨幣を使うのが常識でした。とすると、財の取引において貨幣が果たす役割を考えなければなりません。

まず、古典派から新古典派に至る経済学の基本的な考え方を見ておきます。例として、リンゴ栽培農家のA氏とサンマ漁師のB氏がいて、A氏はサンマが好きなのでB氏と取引したいが、B氏はリンゴが嫌いなのでA氏と取引する気はない、という場合を考えます。A氏はリンゴを取引に出したいし、B氏もサンマを取引に出したいのですが、このままだと取引は成立しません。そのうちにリンゴは傷み、サンマは腐ってゆきます。

もしも第三者の稲作農家C氏がいて、A氏からリンゴをもらってB氏に米を渡すことによって両者

を仲介する、ということが起これば問題はありませんが、そんなうまい話がいつもあるとは限りません。ただし、よく考えると、第三者が人間である必要はありません。誰もが文句なく受取る財Mがあれば、A氏は手持ちのM財でサンマを手に入れ、B氏はいつか何かに使うことを考えながらM財を手元に残す、ということが可能です。M財は仲介物として、取引を潤滑に進めるという役割を果たしています。また、サンマ一匹がM財二単位分なのに対して、リンゴ一個がM財一単位分だとすれば、サンマの値打ちはリンゴの倍だということがわかります。こんな財が「貨幣」です。それは、誰にでも受取ってもらえ、取引を媒介し、財の値打ちを比較できるようにします。このとき貨幣は「交換手段」として機能しています。

では貨幣は絶対に必要かといえば、そうではありません。つまり、リンゴとサンマの例でいえば、B氏がリンゴを好きだったら、あるいは第三の人物C氏がいれば、貨幣が存在しなくても、物々交換で取引がなりたちます。取引が成立すれば、結果として、二つの財の値打ちは比較できます。そして、ワルラスのように取引の全体を考えると、全ての取引が均衡する場合は、売りたい財には買いたい人が必ずみつかります。これは、必ず第三の人物がいることを意味しますから、貨幣はあってもなくてもよくなります。すべて取引は物々交換というかたちでなされ、価格は財と財の交換比率で表され、それで何の問題もないはずです。こう考えるのが、交換手段としての貨幣は「あれば便利だが、なくてもよい」とみなす立場です。この立場を「貨幣ヴェール説」と呼びます。それによれば、貨幣は、せいぜい経済システムの働きを潤滑にするだけで、経済システムに本質的な影響を与えることはありません。それはちょうど物々交換を覆うヴェールのようなものなのです。古典派から新古典派に至る経済学は、基本的には貨幣ヴェール説を採ります。

でも、本当に貨幣はそれだけの存在なのか。他の財にはない独自な機能はないのか。貨幣がある経済と貨幣がない経済とで、質的な違いはないのか。

この疑問に明快な答えを出したのがヴィクセル（スウェーデン、一八五一〜一九二六）です。彼によれば、貨幣ヴェール説は貨幣の役割をせまく捉えすぎています。たとえば、貨幣には発券業務を担う銀行が発行する銀行券が含まれますが、これは、銀行は自分が好きなだけ貨幣を発行し、それを一定の利子率で貸出せることを意味しています。利子率を決められるという銀行の機能は、経済システムに何らかの影響を与えるはずです。

いま、銀行が貨幣を貸出す際の利子率を下げたとします。これは借金しやすくなったことを意味しますから、貨幣が流通する量が増え、貨幣の価値は下がり、逆に（財の全体の価格である）物価は上がりはじめます。これがインフレーションです。インフレーションが始まると、人々は物価が上がりつづけることを予想し、この期待のもとに、自分が供給する財の価格を上げます。こうして物価上昇と物価上昇期待が「連続的に前進する累積的な作用」（ヴィクセル［a］一四七頁）のなかで強めあい、インフレーションが進みます。いずれインフレーションは止まりますが、物価が元の水準に戻ることは保証できません。もちろん「逆も真なり」であり、銀行が利子率を上げれば、物価が下がるデフレーションが起こります。

交換手段という機能を考えるだけでも、銀行の働きを考慮に入れると、貨幣は利子率を通じて物価の水準に影響を与える力を持つことがわかります。これが、ヴィクセルが明らかにした貨幣の独自性です。銀行が存在する場合、貨幣は単なるヴェールではなく、独自なかたちで経済システムに影響を与えます。そして、利子率が下がる（または上がる）と物価は上がります（または下がります）が、物価が上がりつづけて（または下がりつづけて）元に戻らなければ経済システムは不安定になります。ここに市場メカニズムの問題点があるかもしれません。

さらに、貨幣には、交換手段という機能だけではなく、当面使う予定がない財産をとりあえず手元に残しておくための「価値貯蔵手段」（ヴィクセル［a］三八頁）という機能があります。貨幣ヴェール説はこれを考慮に入れていません。では、価値貯蔵手段という機能を考慮に入れると、貨幣は経済システムに影響を及ぼすのか。及ぼすとすれば、それは市場メカニズムを乱すのか。これもまた、当時の経済学者に問われていた問題でした。

ケインズはマクロ経済学をつくりあげた

マクロ経済学が一つの理論として誕生したのは、ケインズが一九三六年に『雇用・利子および貨幣の一般理論』（通称『一般理論』）を出版したときです。

この本でケインズは、市場メカニズムの問題点を見出し、それを理論的に説明し、市場メカニズムの問題点が失業を生むことを証明しようと試みました。なお、ここでいう「失業」とは、本人に働く気があるのに陥ってしまう「非自発的失業」のことです。大恐慌のなかで、働きたいのに働けない失業者が大量に出現したことを考えれば、これは当然の着眼点でしょう。また、失業が発生するメカニズムを説明する際に、彼は期待と貨幣に着目します。すでに『確率論』（一九二一）と『貨幣論』（一九三〇）という二冊の本を書いていたことからも明らかなように、彼は両者に強い関心を持っていました。ケインズは、まさに当時の社会的および知的な状況のなかで、そして、その影響を受けながら、マクロ経済学を構想したわけです。

ケインズは、経済システムの全体的な枠組については、古典派から新古典派に至る経済学を継受します。つまり、財や労働力や資本は、すべて需要と供給が一致する点で均衡すると考えます。でも、そうだったら、市場メカニズムは問題なく機能し、ケインズが問題にするような失業が発生する余地はないような気がします。実際、一部の経済学者は、失業が存在するのは賃金が下がるのを労働組合などが妨げているからだ、と主張していました。ちゃんと賃金が下がれば、雇いたいと考える経営者が現れ、失業は解消するはずだ、というわけです。でも、ケインズはこの立場を採りません。問題はそんなところにはないし、そんなに簡単ではないのです。[3]

3　「市場メカニズムがスムーズに運ばず、失業が生じるのは、労働者の抵抗などのせいで賃金が下がりにくいからだ、とケインズは考えた」という理解が、一時広まったことがあります。でも、少なくとも彼の主著『一般理論』は賃金の下がりにくさを重視していません（松尾［a］三九頁、根岸［a］三二～三三頁）。

期待が失業をうみだす

ケインズによれば、失業が存在する場合、賃金を下げることは何の役にも立ちません（ケインズ［a］三一頁）。失業が発生する過程に、賃金の水準はほとんど関係ないからです。失業は労働に対する需要が供給を下回り、労働の供給過剰が生じるときに発生します。労働に対する需給のうち、「働かざるもの食うべからず」ですから、労働の供給はそれほどくるくる変わらないはずです。問題は労働に対する需要です。

労働需要の量を決めるのは、生産が予定されている財の量です。生産される財は消費されるか、あるいは投資に回されます。消費される財の量と投資に回される財の量のうち、「人はパンがなければ生きられない」のですから、前者はそれほどくるくる変わらないはずです。問題は投資です。

投資の量を決めるのは、投資から得ることが期待される利益率である「期待投資収益率」、利子率、この二つです。経営者は両者を比較し、手元にある資金を生産に投下して利益を得たほうが儲かるか、それとも銀行に預けて利子を得たほうが儲かるか、考えます。

このうち期待投資収益率の決まり方について、ケインズは「一投資物の数年後における収益を支配すべき諸要因についてのわれわれの知識は通常きわめて乏しく、しばしば無視しうるものである」（ケインズ［a］一六七頁）と評価します。ぼくらが投資収益率について持つ期待は、たとえ合理的なものであっても、将来が「不確実」なことを反映して、正確かつ客観的には計算できません。

また、利子率の決まり方について、ケインズは「利子率は特定期間流動性を手放すことに対する報酬である」（ケインズ［a］一八六頁）と主張します。貨幣には、いつでも誰にでも受取ってもらえるという安心感があります。手元に置いておいても何も産まないのに、何となくたんす預金をしてしまうのは、そのせいです。ケインズは、この価値貯蔵手段という機能に貨幣の独自性があると考えます。そして、いつでも誰にでも受取ってもらえるという貨幣の性格を「流動性」、流動性に対する人々の評価を「流動性選好」と呼びます。流動性は「安全だ」ということを意味していますから、流動性選好は将来に対する期待に左右されます。たとえば、将来が「不確実」にみえれば、流動性選好は高くなります。将来の見通しがつけば、人々は貨幣を手放して活動するようになり、流動性選好は下がります。ところが、基本的に将来は「不確実」です。

古典派から新古典派に至る経済学は、利子率は貨幣の需要と供給が均衡するように決まると主張します。人々は、いま支出することによって得られる効用と、貨幣を手元に置き、将来支出することによって得られる効用とを比較し、貨幣をどれだけ需要し、あるいは供給するかを合理的に決めます。だから貨幣が需給される量は、さらには利子率も、客観的に計算できます。

ケインズも、古典派や新古典派と同じく、利子率は貨幣の需給によって決まると考えます。ただし、彼によれば、貨幣の需要を決めるのは、おもに流動性選好の大きさです。ここにケインズの理論的な独自性があります。流動性選好が高くなれば、人々は貨幣をほしがりますから、利子率は上がります。逆に、流動性選好が低くなれば、利子率は下がります。そして、流動性選好は「将来に備えたい」とか「資産を安全にしておきたい」といった（主観的ではあるが）合理的な動機にもとづいていますが、肝心の将来が「不確実」なので、大きさを客観的に計算するのは困難です。「将来に備えたい気持ちがどれくらいあれば、たんす貯金はどれくらいになるか」という問題を考えてみれば、そのことは明らかでしょう。

まとめると、流動性選好が貨幣に対する需要を決め、貨幣に対する需給が利子率を決め、利子率と期待投資収益率が比較されて投資の量が決まり、投資の量と消費の量が財の生産量を決め、財の生産量が労働需要を決めます。労働需要の量を決めるのは、最終的には期待投資収益率と流動性選好です。そして、期待投資収益率も流動性選好も、「不確実」な将来をめぐる期待にもとづいているため、大きさを客観的に計算しにくいという特徴を持っています。

ケインズは、ここに、市場メカニズムの問題点を見出します。労働需要の量は、「不確実」な期待投資収益率と流動性選好によって決定されるため、労働供給の量に一致するとは限りません。もしも前者が後者を下回れば労働の供給過剰、つまり失業です。将来はつねに「不確実」だ、だから何かのきっかけがあれば流動性選好が高くなる、貨幣需要が増える、利子率が上がる、投資が減る、生産が減る、労働需要が減る、労働供給を下回る、失業が誕生する、というわけです。

この過程では、誰も経済的な合理性に逆らって行動しているわけではありません。というよりも、人々は予測できない「不確実性」にみちている将来すら期待におりこんで、合理的に行動します。「不確実性」に対応するために、それなりに（主観的とはいえ）合理的に計算した結果が、価値貯蔵手段として貨幣を持つという行動として現れます。なぜ「不確実」な将来まで期待におりこもうとするのかといえば、それは、期待に反する事態が生じたとき、すぐに対応する自信がないからです。ケインズは、人間が状況の変化に柔軟かつ敏速に対応できるとは考えません。そのため、将来をめぐる期待は、合理的なのに主観的なものになってしまいます。

万人が（主観的には）合理的に行動したはずなのに失業が生じてしまう、という事態。これは一種の均衡状態ですが、不完全雇用ですから、人々にとって好ましい状態ではありません。この状態を「不完全雇用均衡」と呼びますが、これは最適でない点で均衡してしまったことを意味します。それまでの経済学によれば「不完全雇用」は「不均衡」であり、余計なことさえしなければ「完全雇用」という「均衡」に戻るはずでしたから、これは想定外の事態です。

さらにまた、失業が生じると消費が減退し、消費が減ると販売量が下がり、販売量が下がると労働需要が減り、労働需要が減ると失業が増えます。こうして失業と販売不振が悪影響を与えあい、経済状態が螺旋状に悪化します。これが、ケインズが示した失業と不況のメカニズムです。不況をひきおこすのは、結局は将来の「不確実性」と、そこから生じる期待の主観性です。

このことは、不況は自己実現的な現象だということを意味しています。何らかの理由で「近い将来、不況になる」という期待が生まれたとします。その場合、人々は安全な資産である貨幣を（たとえば銀行から貯金をひきだして）手元に置きます。貨幣需要が増えるので利子率が上がり、利子率が上がるので投資が減ります。他方で、買い物が控えられるので需要も減ります。投資も需要も減れば生産は減り、労働需要も減り、失業が増え、不況になります。「不況になる」という期待が「不況になる」という事態を現実のものにしてしまったわけです。

失業や不況の原因は将来の「不確実性」と期待の主観性ですから、個人が合理的に行動しても失業や不況は生じます。市場メカニズムは、はじめから問題を孕んでいます。個人の合理的な行動と市場メカニズムの完全な機能とを前提にする経済学では、それでも生じる問題を扱うには力不足です。ですから、経済システムの全体を総体として分析し、市場メカニズムの問題に迫る理論が必要になります。個々のアクターの行動から分析を始める「個々の産業または企業の理論」ではない「全体としての産出高および雇用の理論」(ケインズ［a］三三二頁)が必要であり可能であると述べたとき、ケインズはこの理論、つまりマクロ経済学の誕生を宣言したのでした。

失業をなくすにはどうすればよいか

不況から脱出するためには、とにかく失業をなくさなければなりません。失業をなくすには労働需要を増やすことが必要であり、労働需要を増やすには投資を増やすことが必要であり、投資を増やすには期待投資収益率が利子率を上回ることが必要であり、そのためには期待投資収益率を上げるか利子率を下げることが必要です。ところが、たしか期待投資収益率は計算が困難です。利子率を決める貨幣需要を決める流動性選好も計算が困難です。とすると打つ手はなさそうです。

ただし、現代のように政府が経済にひろく介入している場合は、打つ手がないわけではありません。まず、利子率を人工的に操作する、という手があります。これを「金融政策」と呼びます。発券業務を担う銀行（日本なら日本銀行）が貨幣を沢山印刷して供給すると（他の条件が変化しなければ）利子率は下がります。やがて利子率が期待投資収益率を大幅に下回るようになれば、投資のほうが圧倒的に有利になり、とにもかくにも投資が始まるはずです。

また、政府が公共事業をおこなうことによって、無理やり投資を増やす、という手もあります（ケインズ［a］一三二頁）。これが「財政政策」です。公共事業によって失業者を吸収し、彼（女）たちに給料を払い、財に対する需要を増やす、というわけです。さらには、もしかすると政府以外の投資をさそいだすことができるかもしれません（これを「呼び水効果」と呼びます）。もちろん公共事業を実施するには費用がかかりますが、公共事業によって不況が終われば税収が増えるはずなので、とりあえず公債などを使って借金しておけばよいだけの話です。

ケインズによれば、政府は何らかの政策によって失業や不況を解消する力を持っています。また、その力を使うべきです。自由放任を旗印とし、市場メカニズムの力を信じた古典派や新古典派と異なって、ケインズは経済の領域に対する政府の介入が有効であることを認めます。金融政策と財政政策によって失業を解消すれば、労働需要と労働供給が一致する状態、つまり完全雇用になるのです。

ケインズにとって、失業は例外的な事態ではなく、つねに起こりうるものでした。だから彼は、政府はつねに経済に介入する準備をしておかなければならないと考えました。彼が構築した経済学は政策志向性が強いものでした。大恐慌の時代に生まれたことを考えれば、それも当然でしょう。

マクロ経済学とミクロ経済学は、どんな関係にあるか

マクロ経済学の独自性は、貨幣ヴェール説を否定して貨幣が独自な役割を果たすことを強調し、また、将来が「不確実性」を孕んでいるため期待は客観的に計算できないと主張する点にあります。理論としてのマクロ経済学の存在意義は、ここにあります。

もちろん、全ての経済学者が貨幣と期待をこう捉えるようになったわけではありません。貨幣はヴェールであり、将来や期待は計算できる、という立場を守る経済学者もいました。実際、個々のアクターの経済活動は、この立場でもそれなりに、しかもすっきりと分析できます。というわけで、この立場は個々のアクターの行動というミクロな対象をおもに扱うようになり、ミクロ経済学と呼ばれるようになりました。

でも、ミクロ経済学とマクロ経済学は、ともに新古典派経済学から生まれた理論です。共通している点もあるし、似ている点もあります。では、二つの経済学はどんな関係にあるか、あればよいか、あるいは、なければならないか。第二次世界大戦後の経済学界は、この問題をめぐってゆれうごきます。

7・2　失業をめぐる考察の系譜

マクロ経済学の全盛期が始まった

二度の世界大戦は、戦争を遂行する権力である政府の力を強めました。また、大恐慌は「市場メカニズムに任せておいたのでは、経済システムはうまく再生産されない」という意識を人々の間に広めました。こうして、第二次世界大戦が終わると、各国では、経済の領域における政府の役割が大きくなります。公的介入や経済政策といった言葉が市民権を得、どんな政策が選べばよいかがひろく論じられるようになります。

これは、ケインズの所説をうけつぐマクロ経済学にとって有利な状況でした。なにしろ、マクロ経済学は政府の介入を肯定し、財政政策や金融政策という具体的な提案を手にしていたのですから。もっともケインズ自身は、失業を解消するための方策として、これらの政策を考案しました。でも、金融政策も財政政策も、投資が増える、財に対する需要が増える、価格が上がる、賃金や利益が増える、ますます財に対する需要が増える、というメカニズムで好況をよびおこせそうです。ここから、好況をもたらし、維持し、強化する手段として、つまり景気政策として経済政策を用いよう、という発想が生まれます。

これに対して、ケインズ以前の新古典派の流れを汲むミクロ経済学者は、市場の失敗以外の場面では政府は介入するべきではないと主張しつづけました。でも、これは、理論的な妥当性はともあれ、時代の雰囲気には反していました。学界の次元でも、現実の政策提言や政策立案の次元でも、マクロ経済学の全盛期が始まります。たとえば、合衆国では、とくに一九六〇年代、多くのマクロ経済学者が政権に参加し、自らの経済学にもとづく経済政策を実施に移しました。

ただし、理論として考えた場合、マクロ経済学には、ミクロ経済学との関係をどう考えるかという問題がありました。この問題をめぐってマクロ経済学の全盛期になされた試みとしては、サミュエルソンが唱えた「新古典派総合」があります。彼はマクロ経済学にもとづく「適切な財政金融政策」は「ミクロ経済学の正しさを確認するような経済環境を保証しうる」（サミュエルソン［b］五〇〇頁）と考え、二つの経済学は総合できると主張しました。つまり、失業が存在するときはマクロ経済学にもとづく経済政策を採用し、失業を解消して完全雇用を実現することを目指せばよいし、完全雇用が実現されたら、あとはミクロ経済学が重視する市場メカニズムに委ねればよい、というわけです。

たしかに、これはわかりやすい説明です。とくに経済政策を考える場合、「ミクロ経済学は失業がないとき、マクロ経済学は失業があるとき」というスローガンは魅力的です。でも、理論として考えると、何か煙に巻かれた気がします。ミクロ経済学の一番基本的な仮定は、個々のアクターは自分の利益を最大にするように行動するというものでした。マクロ経済学の一番基本的な仮定は、個々のアクターは「不確実」な将来にかかわる期待にもとづいて行動するというものでした。とすると、二つの経済学を接合するためには、この二つの仮定を整合的に説明しなければなりません。でも、サミュエルソンは、二つの経済学を適用対象に応じて区別し、そのうえで接着するだけで、二つの仮定そのものをすりあわせようとはしませんでした。

もうちょっと論理的に、繊細に、二つの経済学の関係を分析しなければならない、と考えたマクロ経済学者もいました。彼（女）たちは、マクロ経済学の枠組を維持したまま、それと整合的に個々のアクターの行動を説明しようとします。ミクロ経済学に必要な修正を加え、そのうえでマクロ経済学にくみこもうとするわけです。たとえば、根岸隆（一九三三〜）は「個々の経済主体の行動に関する」マクロ経済学の「説明は必ずしも十分ではない」ことを認め、そのうえでマクロ経済学の「ミクロ的基礎を……解明する」ためにミクロ経済学を「根本から組み直すこと」（根岸［a］八頁）を試みます。

彼によれば、貨幣が用いられるようになると、貨幣は流動性を持っているので、取引は財と財ではなく財と貨幣の間でなされます。そうすると、ワルラスが考えたような「一般均衡が成立していなくても」とりあえず「交換の相手をみつけた経済主体間では交換が実施される」（根岸［a］二三頁）ようになります。各々の取引が孤立してゆくわけです。価格や取引量をはじめとする取引の条件にかかわる情報は当事者以外に伝わりにくくなり、「隣は何をする人ぞ」という状況が生まれます。

この状況で財に対する供給が需要を上回るという事態が起こると、取引は孤立していますから、生産者は「価格を下げても、値下げしたという情報は広がらず、需要が増えない可能性がある」という期待を持ちます。それでは値下げの意味がありませんから、生産者は値下げをしないことを合理的に選択します。こうして「超過供給がありながら価格は下落しなくなる」（根岸［a］二三頁）という事態が生じます。価格が下がらないので需要は増えず、需要が増えないから財は売れず、財が売れないから生産者は生産を減らし、生産が減るから失業が生じます。貨幣で取引することを考えただけで、失業者が存在しながら価格は変わらない状態、つまり不完全雇用均衡が生まれるわけです。[4]

4　「隣は何をする人ぞ」という状況は市場メカニズムにおける競争が完全に働かないことを意味しますから「根岸によるケインズ経済学のミクロ的基礎づけにおけるキー・コンセプトは『不完全競争』であった」（吉川［a］三三頁）ということもできます。

根岸の所説に対しては、貨幣が用いられると個々の取引は必ず孤立してゆくのか、という疑問があります。ただし、彼の試みは、ミクロ経済学とマクロ経済学をもっとも基本的な次元で接合しようとした点で、「新古典派総合」よりも進んだものでした。

フィリップス曲線は経済政策に目標を与えた

理論を政策に利用する際には、具体的な目標や手順をはっきりさせることが必要です。マクロ経済学でいえば、公的な介入によって投資を増やせるのはよいとしても、どれくらい増やせばよいか、どんな手順で介入すればよいか、といった問題が残ります。政策的に「使える」というだけでは不十分なのです。一九五〇年代になると、マクロ経済学にもとづく経済政策を実行するのに必要な知識が発見されます。「フィリップス曲線」です。

　フィリップス（イギリス、一九一四〜一九七五）は、賃金と雇用の関係を調べるため、一八六一年から一九五七年までのイギリスの貨幣賃金変化率（給料の額面が増減する割合）と失業率のデータを集め、分析しました。そうすると、失業率が上がると給料の額面は下がるが、下がり方はだんだん緩やかになってゆく、ということがわかりました。図7－1のように直交座標の横軸に失業率、縦軸に貨幣賃金変化率をとると、両者の関係は、右下がり、下がり方はだんだん緩やかになる、失業率が5から6パーセントのあたりで横軸と交わる（貨幣賃金変化率が0になる）、という特徴を持つ曲線を描きます（フィリップス［a］二八五頁、二九四頁、二九六頁）。フィリップスは、賃金は労働サービスの価格だから、労働サービスの需要が減る（つまり失業率が上がる）と賃金は下がる、ただし労働者の抵抗のせいで賃金の額面は下がりにくい、と、この曲線を解釈しました。

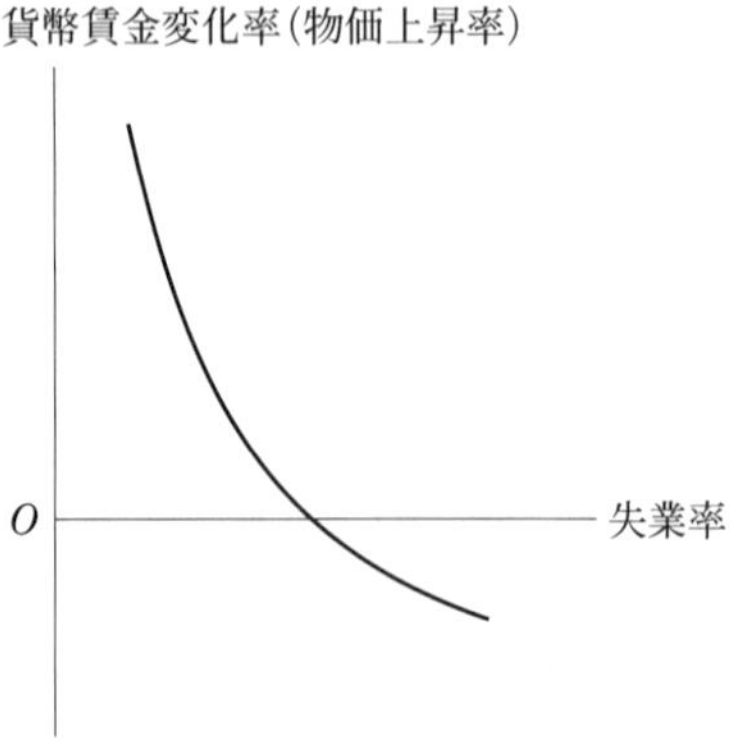

図7－1　フィリップス曲線

　賃金の額面が増えるということは、ほぼ、物価が上がっていることを意味します。ですから、フィリップスが発見した曲線は、のちに、物価上昇率と失業率の関係を表すと考えられることになりました。失業率が上がると物価は下がるが、下がり方はだんだん緩やかになる、というわけです。この関係を表す曲線が「フィリップス曲線」です。

失業と物価上昇は、どちらもあまり好ましくありません。ですから、両者を抑えることは経済政策の大切な課題です。でも、フィリップス曲線は両者の間にはトレード・オフ（あちら立てればこちら立たず）の関係があることを教えています。ちょっと考えると、これはあまり嬉しくないことです。ただし、失業率と物価上昇率をくみあわせ、各々のくみあわせについて費用と便益を計算し、それらを比べれば、最適な組合せを確定できるはずです。この最適な組合せに向かうように失業率や物価上昇率を調整することが経済政策の重要な目標である、と考えることができます。こうして、マクロ経済学者は理論を具体的に政策化するためのツールを手に入れました。

ただし、フィリップス曲線は過去のデータから得られたもので、きちんとした理論的な裏付けを欠いていました。一九六〇年代後半になると、不況とインフレーションが同時に発生するという、フィリップス曲線に反する事態が起こりました。さらに、ケインズの所説に衝撃を受けて、ミクロ経済学者も貨幣や期待を理論にとりこみはじめました。新しい時代が始まります。[5]

5　ケインズの所説に対する批判の登場以降のマクロ経済学は、じつは、もはや「歴史」ではなく「現在」に属しています（吉川［a］第一部）。

新しいマクロ経済学の先頭を切って、マネタリズムが登場した

ケインズ以来のマクロ経済学に対して、はじめて体系的で理論的で政策的な批判を示したのは「マ

ネタリズム」と呼ばれるマクロ経済学派です。これ以降、様々なマクロ経済学派が登場し、ケインズ以来の経済学とマクロ経済学を等号で結ぶことはできなくなります。以下、ケインズの流れを汲むマクロ経済学派を「ケインズ派」と呼ぶことにします。

マネタリズム派を主導したのはフリードマンです。彼はまずフィリップス曲線に着目します。そもそも、この曲線には理論的な根拠がありませんでした。失業率と物価上昇率の関係を様々な国について再計算してみると、きれいな曲線を描くことは稀だということがわかりました。世界各地で、不況とインフレーション（物価上昇）が同時に発生する「スタグフレーション」という現象が広がりはじめました。不況になれば失業率が上がりますが、フィリップス曲線によれば、失業率が上がれば物価は下がるはずです。フィリップス曲線はスタグフレーションを想定していないのです。フィリップス曲線には問題がありそうだという声が広まりはじめます。

こんな疑問を出発点に、フリードマンはマクロ経済学を再検討しはじめます。ここで大切なのは、彼はケインズ派が提起した貨幣や期待の役割という問題を考慮することを忘れなかった、ということです。彼は、ケインズ派の問題提起を批判的にうけつぎながら、新しいマクロ経済学としてのマネタリズムを構築してゆきます。

フィリップス曲線に対する批判から見てみます。フィリップス曲線によれば、物価が上がれば失業率は下がるはずです。でも、フリードマンによれば、物価が上がっても失業は減りません。スタグフレーションは起こりうるのです。

人々が物価上昇を期待し、その通り物価が上昇した場合は、労働者は物価上昇分だけ賃金を上げることを求めるはずです。彼（女）たちの要求は大抵通りますから、物価と賃金が同じ割合で上がります。でも、それだけです。費用と売り上げの比率は変わりませんから、生産者は生産量を変えません。働く人の数（つまり失業率）も変わりません。

物価上昇が期待されていなかった場合は、生産者は、物価が上がってゆくのを見て、自分が生産する財に対する需要が増えたと思い、供給を増やします。労働の需要が増え、失業率は下がります。ここまでは、フィリップス曲線が意味するところに似ています。でも、しばらくすると、単に物価が上がっただけで、自分が生産する財に対する需要が増えたわけではないことがわかります。「貨幣錯覚」に陥っていただけだった、というわけです。このことに気づいた生産者は、このままだと供給過剰になるので、供給を減らし、雇用を減らします。結局、働く人の数（つまり失業率）も元の水準に戻り、物価が上がったという事実だけが残ります。

直交座標を考え、横軸に失業率、縦軸に物価上昇率をとると、ケインズ派が考えるフィリップス曲線は右下がりになるのに対して、フリードマンが考えるフィリップス曲線は、物価がどうなろうと失業率は変化しないので、垂直になります。この失業率は、物価とは無関係に「労働市場の現存する実質的条件に応じて生じる」（フリードマン［a］六四頁）ものです。これを「自然失業率」と呼びます。

フリードマンは、景気政策として財政政策が有効だと主張するケインズ派を批判し、財政政策の効果はほとんどないと断言します（フリードマン［a］二〇九〜二一〇頁）。財政政策の資金は税金や公債ですから、財政政策は公債の発行量を増やし、価格を下げ、利子率を上げます。これにつられて一般の利子率も上がるので、生産者は社債発行や資金借入れによって投資をしにくくなります。これを「クラウディング・アウト」と呼びますが、これではほとんどプラス・マイナス・ゼロです。

金融政策については、ケインズ派は、貨幣の供給を増やせば利子率が下がって投資が増えるので有効だと主張しました。フリードマンも、金融政策は役に立つと考えますが、その具体的な内容は貨幣を供給する量を一定に保つことであり、それ以上ではありません。貨幣の供給をむやみに増やしても、貨幣錯覚が修正されれば失業率は元に戻る以上、金融政策は景気を刺激しません。フリードマンにとって、金融政策の目的は貨幣錯覚が起こらないようにすることだけです。たしかに貨幣錯覚は、生まれたとしても、やがて消えます。でも、その過程で、余計な生産をしたり、いったん雇った労働者を解雇したりと、色々と面倒をひきおこすので、なければないほうがよいはずです。そして、貨幣錯覚が起こらないようにするには、貨幣を供給する量を安定させ、人々の期待とマッチさせてゆくことが必要です。そのうえで、少しずつ、人々を驚かさない程度に貨幣を供給する量を増やしてゆけば、経済活動が活発になったときに必要となる資金を提供するという「相当の経済成長を遂げうるための枠組を提供しうる」（フリードマン［a］二二四頁）ことでしょう。

こうして、おもに経済政策の目的や有効性をめぐって、ケインズ派とマネタリズム派は激しい論争を始めます。

マネタリズム派とケインズ派の違いは何に由来するか

ケインズ派と対立するフリードマンの政策提言の背景には、彼が構想するマクロ経済学があります。ケインズが重視した貨幣と期待の問題について、ケインズ派と比較しながら、その特徴を確認しておきます。

まず、貨幣の問題について。経済システムのなかで貨幣が重要な役割を果たすと考える点では、フリードマンはケインズ派と立場を同じくします。

ただし、彼は、貨幣は交換手段であると考え、ケインズ派が重視した価値貯蔵手段という機能を考慮に入れません。たとえば、貨幣の供給が増えれば、それに比例して物価も上がりますが、それだけです。様々な財の需要や供給にも、失業率にも、何の影響もありません。このことは、給料が倍になったときのことを考えればわかるでしょう。給料が倍になったのは嬉しいのですが、新しい給料で買える財の量は、物価も倍になったので、以前と変わりません。

次に、期待の問題について。経済システムのなかで期待が重要な役割を果たすと考える点については、彼はケインズ派と立場を同じくします。

ただし、期待がカバーする範囲についての考え方は違います。フリードマンが想定する人間は「不確実」な将来を期待に完全におりこむなどという無謀なことは試みません。「不確実」なものは無視し、確実な部分だけを期待におりこんだうえで、自分の利益を最大にするように行動します。それは、状況の変化に柔軟かつ敏速に対応する自信があるからです。[6] 間違った期待を持つこともありますが、過去の経験に学べば、徐々に期待を客観的に計算できるようになるはずだからです。貨幣錯覚をはじめとする間違った期待は、いつかは間違っていることがわかり、修正されるはずです。この「適応期待仮説」にもとづくと「将来は不確実だから、とりあえず手元に置こう」という理由で貨幣を持つことはなくなります。価値貯蔵手段としての貨幣の機能を無視できるのは、そのためです。

6　つまり「賃金・価格契約」の「契約手続きが経済環境にヨリ敏感に反応すると見る」（サージェント［a］一一四頁）わけです。

ケインズ派とフリードマンたちマネタリズム派の所説の違いは、人間をどう捉えているか、あるいは、どれくらいの時間の幅をとって考えているか、にあります。前者は、人間は腰が重い（なかなか状況に対応できない）ため、あらかじめ全てを正確に予測しておこうとする、と考えます。あるいは、人間が状況に対応できないほど短く時間の幅をとって経済を考察している、といえるかもしれません。後者は、人間は状況の変化に対応できるのだから、「不確実」な将来など予測しようとはしない、と考えます。あるいは、人間が状況に対応するのに十分なほど長く時間の幅をとって経済を考察している、といえるかもしれません。

マネタリズムは将来の「不確実性」を経済システムからきりはなします。これによって、人々の期待を分析対象に含めつつも、経済システムをかなり客観的に捉えることが可能になります。貨幣と期待の役割を重視する点を共有しながらも、ケインズ派とはかなり異なったマクロ経済学が体系化されてゆきます。

合理的期待仮説とは何か

利益を最大にすることを目指して行動する人間によって担われ、「不確実性」を孕まない経済システム、というのは、見ようによってはミクロ経済学の分析対象です。マクロ経済学としてのマネタリズムは、ケインズ派経済学が実現できなかった「もっとも基本的な次元でミクロ経済学と接合する」という課題を達成できそうにみえます。こうして、マネタリズムは、ミクロ経済学と整合的だという理由からも、ケインズ派経済学の優位に立つことになります。もっとも、マネタリズムによる二つの経済学の接合の試みのベクトルは、マクロ経済学の「ミクロ的基礎を……解明する」ためにミクロ経済学を「根本から組み直す」という根岸の試みとは逆に、マクロ経済学を「ミクロ経済学理論のフレームワークの中に再統合」（ルーカス［a］一一一頁）する方向を向いています。

ただし、マネタリズムをミクロ経済学に接合するには、最後のハードルがありました。マネタリズムは貨幣錯覚の可能性を否定しません。でも、自分の利益を最大にすることを目指して行動できるほど合理的な思考能力の持ち主である人間が、なぜそんな間違いを犯すのか。いいかえると、将来のうち確実な部分だけを期待におりこんだはずなのに、そして、状況の変化に敏速に対応できる自信があるほど能力を持っているはずなのに、なぜ間違った期待を、それも経済の領域にかかわって持つのか。

たとえば、物価が上がっただけなのに、自分が生産する財に対する需要が増えたと誤解するのはなぜか。この問題をクリアするためにマネタリズム派が導入したのが、「合理的期待」と呼ばれる仮説です。

この仮説自体は、すでに一九六〇年代初めに提示されていました。ミュース（合衆国、一九三〇〜）は「企業者活動のあらゆる側面について合理性が仮定されているにもかかわらず、期待が合理的……だとみなされてこなかったのは、驚くべきことだ」（ミュース［a］三三〇頁）と考え、期待も合理的なものだと仮定することを提唱します。古典派から新古典派に至る経済学によれば、たしかに、人間は合理的な存在ですから、期待にかかわる部分だけ別扱いするのは奇妙な話です。

合理的期待仮説とは「期待は……基本的に、関連する経済理論の予想に一致する」（ミュース［a］三一六頁）と仮定することです。たとえば、一般に経済学は「需要過剰が生じたら価格が上がる」と考えるから、実際に需要過剰が生じたら人々も価格上昇を期待する、と考えるわけです。

これは決して無理な仮説ではありません。逆に価格が下がると期待したら、大抵は外れるでしょう。次からは、大方の人は価格上昇を期待するでしょう。こんな学習効果によって、人々の期待は徐々に合理的になってゆくはずです。

ただし、気を付けなければならないのは、合理的期待は「予想は完全である」つまり予想は必ず当たる「という意味ではない」（ミュース［a］三一七頁）ことです。経済学が論じるのは、あくまでも経済の領域にかかわる現象です。合理的期待を持っているとしても、経済的でない事象、たとえば、ある国の支配者の気まぐれから生じる戦争は予測できません。

マネタリズムは新古典派マクロ経済学に変貌した

一九七〇年代、ルーカス（合衆国、一九三七〜）とサージェント（合衆国、一九四三〜）はこの仮説をマネタリズムに導入しました。その結果、マネタリズムはおおきく変貌します。

そもそもルーカスたちが合理的期待仮説に着目したのは、フリードマンの所説をさらに厳密にするためでした。物価が上がった分だけ賃金を上げることを求める労働者や、貨幣錯覚に気づく経営者など、フリードマンが想定する人間は、利益を最大にすることを目指して行動します。とすれば、期待をめぐっても、おなじように行動するはずです。

ルーカスたちによれば、人々が合理的期待を持ち、経済の領域の「運動法則を理解している」（サージェント［a］一五頁）のであれば、貨幣錯覚を持つはずはありません。予期しない物価上昇が起こっても、経営者はちゃんと「自分が作っている財に対する需要が変わったわけではない」と判断できるはずです。そう判断したうえで、供給を変えないはずです。また、政府が貨幣の供給を増やしても、人々は「単に物価が上がるだけだ」と予測しますから、経済の成長にはつながりません。金融政策はまったく無効です。

すでにフリードマンは、金融政策や財政政策の効果を強調するケインズ派を批判していました。ただし、彼が提唱するマネタリズムは（邦訳すると「貨幣主義」になることからわかるように）貨幣を対象とする政策つまり金融政策の意義を認めます。それは、貨幣錯覚を起こさせない、貨幣の供給を増やして「相当の経済成長を遂げうるための枠組を提供しうる」、という二つの点で有効なのです。これに対してルーカスたちは金融政策の有効性を否定し、意識してかせずにか（ケインズ派のみならず）フリードマンまで批判するに至ります。

こうして、人々は経済にかかわる合理的期待を持って行動すると仮定する所説が体系化されます。人々は「支払わなければならない租税、人々が売買する財の価格といったものを支配する動学的運動法則……を理解している」（サージェント［a］一五頁）とみなされます。このことは、「合理的な期待をくみこむ」という、マクロ経済学をミクロ経済学に接合する際のハードルがクリアされたことを意味します。こうしてできあがったマクロ経済学を（ミクロ経済学の源流にある新古典派に敬意を表してか）「新古典派マクロ経済学」と呼びます。[7]

7　ただし、限界革命以来の新古典派経済学の「新」は「ネオ」ですが、合理的期待仮説を導入してできた新古典派マクロ経済学の「新」は「ニュー」です。なぜ違うのかは、ぼくにはわかりません。

合理的期待仮説を導入したことの意義は、それだけにとどまりません。ケインズ派の経済政策の背景には、政府は経済学をはじめとする様々な知識を持ち、能動的に政策を立案および実施するのに対して、政府以外の人々は大した知識を持たず、政府が実施した政策に対して受動的に反応する、という社会観がありました。能力のある人々だけが政府を担うという、一種のエリート主義です。これに対して、新古典派マクロ経済学によれば、人々は政府と同じくらい賢明です。両者は対等なアクターであり、互いに影響を与えあう関係にあります。

いま、政府も人々も利益を最大にすることを目指して行動しているとします。こんなアクターによって構成される市場では、均衡が実現しているはずです。この状態で政府が経済政策を実施すると、人々はそれに対応して自分たちの行動パターンを変えるはずです。そして、そのことを反映して、政府も行動パターンを変えるはずです。こうして、経済政策が実施されたあとの状態を見ると、政府も人々もちゃんと行動パターンを修正し、それにしたがって行動していますから、やはり市場は均衡します。新古典派マクロ経済学によれば、経済システムは均衡から均衡へと移動しています。

人々は利益を最大にすることを目指して行動する、市場は均衡する、という新古典派マクロ経済学の二つの基本的な所説からは、失業者は自発的に失業しているという結論が出てきます。新古典派マクロ経済学は「失業を余暇およびその他の非就労活動とひとまとめに」して就労と対置し、失業者は「利用可能なその他すべての活動よりも、その活動（失業――引用者）を選好する」（ルーカス［a］六六頁、五六頁）と考えます。失業は利益を最大にすることを目指して自発的になされた選択の結果だ、というわけです。こうして、ケインズが問題にした非自発的失業は、その論理的な存在を否定されます。

もちろん、新古典派マクロ経済学が想定する人間とて、万能だったり将来を予言できたりするわけではありません。新古典派マクロ経済学が想定する人間は、フリードマンの人間像と同じく、「不確実」なものは無視します。この点では、新古典派マクロ経済学はケインズ派と対立します。ただし、新古典派マクロ経済学の人間像は、将来の経済政策も含めて、経済の領域にかかわる（つまり、経済学の対象となる）ものごとをすべて確実な部分に分類し、期待におりこみます。フリードマンと比較して、新古典派マクロ経済学は「不確実性」の領域をせまく考えるわけです。それによって、この学派は経済の領域にかかわる期待をほぼすべておりこむことに成功します。「不確実性」に分類されるのは「天候ないし新技術や機械の成功」（サージェント［a］四七頁）程度になります。

新古典派マクロ経済学は、ケインズが貨幣の独自な働きと期待の「不確実性」とに着目したことに対応して、貨幣の独自な働きは否定し、「不確実」な期待は経済の領域の外部においだします。ケインズが問題にした非自発的失業については、その存在を否定します。そのうえで、ミクロ経済学とのスムーズな接合を図るわけです。

マクロ経済学の存在意義とは何か

合理的期待仮説の導入によって確立された直後の新古典派マクロ経済学には、まだ、いくつか問題が残っていました。たとえば、「不確実」なものごとが起こり、経済の領域に影響を与えた場合、人々はどう対応するか、という問題です。これは、一時、かなりの関心を惹きました。[8]

8　こんな関心にもとづいて生まれた所説を「実物的景気循環論」と呼びますが、ここでは省略します。

ただし、全てを説明したいという習性を持つ経済学者にとって、説明できない「不確実性」は少なければ少ないにこしたことはありません。というわけで、一九八〇年代後半から、多くの新古典派マクロ経済学者は「不確実性」の領域を縮小することに力を注ぐことになります。とくに(「天候」は措いておくとしても)「新技術や機械の成功」はイノベーションのことですから、経済の領域に属しているような感じがします。イノベーションは合理的期待の対象であり、理論的に説明できる、という主張が生まれます。これが「内生的経済成長論」です。

イノベーションは、十分条件がわからない「不確実」なものと考えられてきました。でも、必要条件については色々なことがわかってきました。うまくすると、イノベーションの大体の確率を計算できるかもしれません。「企業は独占利潤……を手にするために、$R\&D$に資源を投じる」(グロスマン他[a]四八頁)と考えればよいかもしれません。$R\&D$とは研究開発事業のことですが、これが内生的経済成長論の基本的な仮定です。ここからは「生産者が利益を最大にすることを目指して行動すると、一定の確率でイノベーションが生じる」という発想が生まれます。こうして、イノベーションも新古典派マクロ経済学の枠組にとりいれられます。

では、ミクロ経済学とマクロ経済学の違いは何か。今日、ミクロ経済学の関心の中心は「個々の主体……の行動」をゲームとして捉えることにあります。マクロ経済学の関心の中心は、時間の経過につれて「集計された量」がある均衡から別の均衡に移動するメカニズムを分析することにあります。たしかに関心の対象は違います。ただし、これだけでは、マクロ経済学に理論としての存在意義があるとはいえません。「集計された量」の分析から始めると、「個々の主体……の行動」から分析を始めた場合とは違った理論的な結論が得られる、ということでなければならないのです。

ケインズの場合、理論としてのマクロ経済学の存在意義は、個々のアクターは利益を最大にすることを目指して行動し、市場メカニズムはちゃんと働いているのに、非自発的失業が生じてしまう、という事態を説明することにありました。[9] では新古典派マクロ経済学はどうか、というと、これが難しい。新古典派マクロ経済学者は「マクロ経済学という用語は使われなくなり、ミクロという修飾語も不必要になる」（ルーカス［a］一一一頁）日をまちのぞんでいますが、その日に消失するのは、間違いなく（ミクロ経済学ではなく）マクロ経済学です。こんな立場からすると、理論としてのマクロ経済学の存在意義はないのかもしれません。

9　今日において、ケインズの伝統がまったく失われたわけではありません。彼の枠組をうけつぐ「新ケインズ派」と呼ばれる経済学者は、合理的期待仮説と非自発的失業を整合的に説明しようと試みています（吉川［a］第一部、大瀧［a］）。新ケインズ派と新古典派マクロ経済学の関係について、新ケインズ派の経済学者ホーウィットは、両者は「いまでは内生的成長理論という新しいテクニックを共有し、平和な共存状態が生まれてきている」（ホーウィット［a］九〇頁）と述べています。

もっとも、その場合でも、マクロ経済学は一つの（理論ではないとしても）分野として存続するはずです。また、非自発的失業がいまでも存在する以上、失業を理論的に分析する経済学の必要性や存在意義がなくなったわけではありません。

終章　ふたたび、なぜ、いま、経済学の歴史なのか

【経済学史のアクチュアリティ】

経済学史の流れを再確認する

七つの主題に沿って、経済学の歴史を駆け足で見てきました。さて、ここで、できれば序章をざっと読みかえしてみてください。これらの主題は本当にこの順で重視されてきたか、重視されてきたとすればその理由は何か、といった問題を、序章で論じのこしていたことがわかるはずです。というわけで、これらを最後に検討しなければなりません。

無数の経済学者の営みを要約するのは困難ですが、かなり強引に整理すると、経済学者たちの主要

な関心の対象は、この本の各章の主題の順と同じく、分配、再生産と価値、生存、政府、効用、企業、失業、という順で変化してきたといえます。それは、経済学がつねに現実を反映してきたからです。そして、経済学が反映してきた現実が、この順で変化してきたからです。

そもそも経済学は現実を反映しているし、反映せざるをえません。経済学者も一人の生活者である以上、問題を設定する際に（意識してかせずにか）現実の影響を受けます。さらにいえば、どの時代の、どの経済学者にとっても、経済学は「紙と鉛筆（と、最近はコンピュータ）を使って机上で進められる知的なゲーム」なんていう悠長なものではありません。それは、現実を体系的に理解し、そのうえで（政策提言によって）現実をより良いものにしようとするためのツールでした。スミスも、デュピュイも、ケインズも、フリードマンも、あるいはその他大勢の経済学者も、実学や政策科学として経済学を捉え、行動したはずです。

もちろん、経済学がゲーム化しつつあるという現象が存在しないわけではありません。でも、その根本は、依然として、そしてつねに、現実ときりむすぶためのツールという性格を持っています。経済学は、どうしたって現実を反映する学問領域なのです。

では、経済学に反映する現実の歴史はどう動いてきたのか。古代や中世においては、市場が十分に発達していなかったため、財の分配が大きな問題とみなされました。でも、ルネサンスや宗教改革を経て近代に入ると、市場が発達し、経済システムを自律的に働かせれば財の生産は増えることがわかりました。「自由放任」をキーワードとする所説が誕生したのは、そのためです。ただし、自由放任を続けていると、貧富の格差が広まります。そこから、貧困層の生存を保証する論理を考案しなければならないと考える立場と、この事態に対処するには公的な介入が必要だと考える立場が登場しました。一九世紀末になると、企業の時代が始まり、経済学に企業をくみこむことが構想されました。おそらく限界革命もこの変化を反映していたはずです。一九二九年には空前の不況が始まり、失業を解消する方法が模索されました。

もちろん現実の歴史をこんなに乱暴に要約してよいのか、という問題はあります。地域によって、大きな違いがあったはずです。どの歴史事象を重視すればよいかについては、諸説があるに違いありません。でも、とくに経済の領域については、この要約にそれほど間違いはないはずです。

アクチュアリティが大切である

そういえば、他にも論じのこした問題がありました。経済学のアマチュアにとって必要な、教養としての経済学とは何か。教養としての経済学を会得するうえで、経済学史を学ぶ意義はあるのか。この二つです。

教養としての経済学とは、アクチュアルな問題に対処するためのツールです。また、アマチュアにとって経済学史を学ぶ意義があるとすれば、なによりもまず、経済学史がアクチュアルな性格を持っている場合です。ですから、まず確認しなければならないのは、経済学や経済学史を学ぶことはアクチュアリティを持っているのか、という点です。

ぼくは、当然アクチュアリティはある、と思っています。たとえば、この本ではとりあげませんでしたが、僕らの日常生活とはおよそ縁遠い感じがする「開発」という主題について考えてみましょう。日本のような先進国で開発について論じることにアクチュアリティはあるか、と聞かれたら、開発援助に携わっている場合や開発途上国と貿易している場合は別にして、大抵は考えこんでしまうと思います。でも、開発を論じる経済学である開発経済学の歴史を見ると、日本経済を見る際にも役立つ部分があることに気づきます。

開発経済学者たちが重視して論じてきた問題の一つに「人間のあり方」があります。つまり、開発途上国（地域）の開発を論じるためには、経済や社会といったシステムの全体だけではなく、どうしても、そこに暮らす人間の経済活動や心性を問題にしなければなりません。彼らのあり方はどんなものか、開発のために人間のあり方を変えることは必要なのか、それは可能なのか、その意味は何か、あるいは変えてもよいか、といった問題を、開発経済学者たちは考えてきました。

ぼくらにとって重要なのは、彼（女）たちにみられる「人間のあり方に着目する」という姿勢です。もっといえば、人間のあり方を変えられるのか、変えるとすればどんな方法があるのか、という問題です。たとえば、開発途上国の人々が経済人でないとすると、そして、そのせいで開発が遅れているのであれば、人間のあり方を変えるような政策が必要かもしれません（赤羽［a］）。そして、今日の日本を見ても、人間のあり方を変えるような政策の問題については、とくに教育の領域で様々な議論がなされています。たとえば、学校教育における「期待される人間像」は何か、子供たちに「生きる力」を身につけさせるにはどうすればよいか、青少年の大企業志向を矯正してリスク志向型の起業家を養成するにはどんな教育が必要か、といったテーマが、すぐに頭に浮かびます。

ただし、ここで考えなければならないのは、人間のあり方を変えるような教育は望ましいのか、つまり人間のあり方を変えてよいのか、という問題です。開発途上国の人々が貧しいのは経済人でないからだと考えて、彼らを経済人に教育することは、本当に望ましいのか。これとまったく同様に、日本の青少年が大企業志向だとして、彼らをリスク志向型に変えることは、本当に望ましいのか。こう考えると、開発を論じることは他人事ではなくなってきます。開発は、たとえそれが経済開発だとしても、単に経済の領域のみに関わるものではありません。それは人間のあり方という大問題にも関わっているのです。

それでは「開発」以外の主題についてはどうでしょうか。この点については、抽象的な話をしても仕方ないので、七つの主題毎に、具体的な事例に即して考えます。

分配を論じることのアクチュアリティ

正しい分配の基準を求めるという旅のゴールは、どう見ても遠そうです。でも、この基準は存在しないと証明されたわけでもありません。さらにいえば、正しい分配とは何か、という問題は、まさに今日、この日本で、重要でありつづけています。第二次世界大戦後の日本には、貧富格差が小さいという、いわゆる「一億総中流化」現象が生まれ、広まりました。ところが、一九九〇年代になって、日本人の貧富格差は拡大に転じたというデータが出され、大きな話題になります。貧富格差が拡大すれば、この格差は是か非か、さらには財をどう分配すればよいのか、といった問題がただちに生まれます。

一九八〇年代後半から、日本の「所得分配の不平等度は……急激に高まって」ゆき、「先進諸国の中でも最高の不平等度」（橘木［a］五〜六頁）に至りました。一億総中流化「現象」は一億総中流化「幻想」になったわけです。

この事態を理解し、評価するためには、望ましい財の分配のあり方を考えることが必要です。経済学史を顧みると、経済学的な根拠にもとづいて規範的な分配論を展開するのは難しいことがわかります。経済学者はこの課題にとりくんできましたが、結局は失敗するか（リカード、マルクス）、経済外的な要素を導入せざるをえなくなるか（アリストテレス、バーグソンやサミュエルソン）、非現実的な仮定にもとづいてしまうか（ピグー）、でした。規範的な分配論は、現在のところ、どれにしても一種の立場表明に留まっています。

もっとも、貧富格差の拡大を「各々の努力が財に結晶したことの結果」とみなせるなら、頑張った人が報われるというだけのことだし、日本は私有財産制を採っていますから、まだ納得できます。ところが、貧富格差が拡大したメカニズムを見ると、じつは、このころから日本は「親と子の地位の継承性が強まり」、「努力してもしかたない＝閉じた社会」（佐藤［a］一三頁）と化してきたことがわかります。富裕層の財産の大部分をなすのは、努力の結晶ではなく、親からの遺産なのです。

この事態を理解し、評価するためには、分配と遺産相続の関係、とくにそれをおおきく規定する相続税のあり方に想いをめぐらせることが必要です。経済学史を顧みると、私有財産制の廃止を唱える急進的な社会主義者を除いて、経済学者はこの点について何もいってこなかったことがわかります。というよりも、正当な手続きを経て財を譲渡することには何の問題もないという「移転の正義の原理」を信じ、わざわざ問題にするまでもないと考えたのかもしれません。

それでも、貧富格差の拡大を「親が子に財産を残すという個人的な営みの結果」とみなせるなら、相続は個人の大切な権利ですから、まだ納得できます。ところが、様々な社会システムの変化を見ると、じつは、このころから日本の社会システムそのものが貧富格差の拡大を促す方向に変化してきたことがわかります。その典型が学校教育です。一九八〇年代から、日本の学校教育では「意欲や興味・関心の階層差の拡大」(苅谷［a］一六一頁)が進んでいます。富裕層の子弟はどんどん勉強して高い学歴を身に付け、貧困層の子弟は勉強せずに教育からドロップ・アウトしてゆきます。一般に高い学歴は高収入にむすびつきますから、富裕層の子弟は学校教育を利用して富裕化してゆくわけです。そして、このころから政府が進めてきた「ゆとり教育」は、この傾向を放置し、場合によっては促進しています。そうすると、現在の貧富格差の拡大は機会の平等を侵食しているのかもしれません。

この事態を理解し、評価するためには、結果や機会の平等について、メリットとデメリットを知ることが必要です。経済学史を顧みると、結果の平等を擁護するのは急進的な社会主義者だけだったのに対して、ほとんどの経済学者は機会の平等を重視する点で共通していることがわかります。機会の平等がなければ、経済活動に携わろうという動機は生まれにくいからです。とくに、機会の平等の重要な構成要素である「営業の自由」については、それを否定する経済学者はほとんどいません。

機会の平等に反するような貧富格差の拡大は、何らかの方法で矯正しなければなりません。これは、何らかの基準にもとづき、税制をはじめとする手段を用いて、財を分配しなければならない、ということを意味しています。私有財産制を採っていることを考慮すれば、その際には十分なコンセンサスが必要でしょう。ただし、少なくとも社会システムについては、機会の平等を保証し、促進するようなかたちで設計しなければなりません。学校教育についていえば、「ゆとり教育」は生徒の負担を減らすといわれていますが、それは機会の平等を保証するのか、機会の平等を促すような学校教育はどんなものか、といった観点から教育政策を再考することが必要です。分配について想いをめぐらせることのアクチュアリティが、ここにあります。

再生産と価値を論じることのアクチュアリティ

今日、労働とむすびつけて財の価値を考えることは、経済学界では流行っていません。ただし、現実に目を向けると、労働の意味が変わりつつあることがわかります。かつて、労働はものを取引して生活するための手段であり、逃れることのできない営みでした。スミスが労働を「労苦と骨折り」と表現したのは、そのためです。ところが近年、とくに先進国では、労働そのものに価値を見出し、労働を「生きがい」や「自己実現の手段」とみなす傾向が広まっています。働くことは人間の尊厳に関わっていると考えられるようになってきたわけです。これは、労働によって生産される財の価値や価格も、生産した人の生きがいや自己実現という側面から計算される、ということを意味しています。このように労働や価値の概念が変化してゆくと、やがて、財の価値や価格と、労働との関係を再検討する必要が生まれてくるかもしれません。

再生産というテーマを見ると、収穫逓減の法則が大きな問題になっていることに気づきます。世界を見渡すと、今日の主要な産業は農業ではなく工業、とくに装置産業です。装置産業では、一般に、作れば作るほど安くなります。さらに、先進国を見ると、産業の中心は、装置産業から「知識集約産業」に移動しています。知識集約産業では、作れば作るほど安くなり、最終的には一社がその製品分野を独占してしまう、という現象がみられます。これを「規模の経済」の結果と考えるか「範囲の経済」の結果と考えるかについては議論がありますが、いずれにせよ、ひとたび「デファクト・スタンダード」が確立してしまえば、あとは独占化が進むわけです。コンピュータ・ソフト産業を見れば、そのことは明らかです。

問題は、独占は経済システムの再生産メカニズムが順調に働くことを妨げないのか、という点にあります。独占的な企業は、自分が好むように供給をコントロールできます。そして、利益を最大にすることを目指す独占的な企業の行動と、経済システムの再生産メカニズムとが衝突しない保証は、ありません。もちろん、独占的な企業が無茶苦茶なこと（たとえば価格のつりあげ）をすれば、その製品市場に別の企業が参入するはずだ、だから独占的な企業もそんな無茶はしないだろう、と考えることもできます。でも、別の企業が参入したら価格競争を挑み、それによって参入企業をおいだし、また独占を享受する、という戦略を考えることもできます。

こんな事態を避けるためには、やはり、独占が生じないようにしなければなりません。こんな目的にもとづいて進められるのが独占禁止政策です。ここからわかるように、独占禁止政策は、様々なアクターの自由な経済活動を促し、経済システムを順調に再生産させるために、競争を促進しています。ですから、消費者にとっても、生産者である企業にとっても、独占禁止政策はメリットになるはずです。

ところが、日本では、この政策は自由な経済活動に反するという捉え方が一般的です。たとえば合併によって大企業が出現し、独占化が進みそうな場合、独占禁止政策を司る公正取引委員会は合併を許可しなかったり、一定の条件を付けたりしますが、これは企業の営業の自由を損ない、競争を抑制する悪しき規制だ、というわけです。

ここからわかるのは、「自由な経済活動」をめぐって、日本では二つの立場が並存し、相対立している、ということです（岡田［a］）。一方の立場によれば、独占化を進めることだって自由な経済活動であり、それを政府が規制するのは自由を妨げています。他方の立場によれば、独占的な企業は他の企業の自由な経済活動を妨げますから、独占禁止政策は自由を促進します。でも、現状では、このうち二つ目の立場が十分に認識されているとは思えません。

生存を論じることのアクチュアリティ

福祉国家の時代になって、生存の問題は経済ではなく法と権利の次元で論じられることになりました。ただし、福祉国家を実現するには膨大な財源が必要だし、保険料や保険金を算出するには経済状態の現状把握や未来予測が必要です。だから福祉国家は経済学と無関係ではありません。また、福祉国家は貧困を生む要因をとりのぞいたり、貧困を緩和したりできます。ただし、福祉国家の理念には、貧困そのものが発生する原因は何か、貧困の絶滅にはどんな社会経済システムが必要か、といった問題に答える能力はありません。こんな問題に答えるのは経済学者の仕事です。

さらにいえば、先進国ですら、生存そのものを脅かすような貧困が、いまでも存在しています。ましていわんや発展途上国（地域）では、モラル・エコノミー論が想定したような、生存の危機に日々直面するライフ・スタイルは、いまも各地で、現在形で存在しています。労働者の貧困をなくすための思想から生まれたはずの社会主義国が解体してみると、そこにあったのは生存に対する脅威が蔓延するという事態です。生存や貧困の問題にアクチュアリティがなくなったわけではありません。

このうち先進国で議論の的になっているのは「貧困は社会の責任か」、つまりどこまでが個人の責任で、どこからが社会の責任か、という境界設定の問題です。これは、たしか一九世紀末のイギリスで活発に論じられ、ある程度は決着が付いたテーマでした。ところが、それから一世紀近く経って、一九七〇年代末にイギリスで始まったサッチャリズム、一九八〇年代に合衆国で進められたレーガノミクス、あるいは同じころに日本で広まった行政改革といった「ネオ・リベラリズム」政策は、まさにこの「境界設定を変更する必要はあるか否か」という問題を問いかけていました。歴史はくりかえすのです。

この問題を、生活保護世帯はエアコンや車を持ってもよいのか、という議論を例に考えてみます。日本では、この議論は、「自由放任」という経済の論理と「すべて国民は、健康で文化的な最低限度の生活を営む権利を有する」（日本国憲法第二五条）という人権の論理の対抗という枠組のなかで進められるのが普通です。たしかにそうかもしれません。でも、モラル・エコノミー論を見ると、ここでいう人権の論理もまた経済学的に正当化できることがわかります。また、ウェッブ夫妻が主張したのは、ナショナル・ミニマムを保証すれば経済の生産性は向上するということでした。生活保護世帯のライフ・スタイルは、経済学の内部でも議論できる問題なのです。

政府を論じることのアクチュアリティ

二一世紀初頭の日本政治で、政府と市場の関係はもっともホットなテーマの一つです。もっとも、社会主義国の資本主義化という歴史を見た今日では、全てを政府に委ねればよいとはいえません。では、全てを市場に委ねればよいかといえば、コースやジェイコブズの所説を見ればわかるように、それも現実的ではありません。政府の領域と市場の領域とをどう区切るかという境界設定が問題なのです。

ここでは、公共事業の問題を例に、境界設定のあり方について考えてみます。よく知られているように、近年、公共事業の評判は良くありません。というよりも、批判の嵐です。批判の中心は、大抵の公共事業は経済的に非効率なことに向けられています。このうちよく見られるものとして、どうせ公共事業は税金の無駄遣いであり、中止したほうが納税者の利益になる、という批判があります。公共事業は国民の税金を一部の建設業者に移転しているだけだし、どうせ談合しているし、無駄ばかりだし、というわけです。

ただし、この批判はちょっと強引です。一九世紀フランスのエンジニアたちは、まさにこの問題にとりくみ、費用便益分析と余剰分析というツールを備えた公共経済学をうみだしました。公共事業が税金の無駄遣いか否かは、公共経済学のツールを用いて判定されなければなりません。公共事業が税金の無駄遣いか否かは、予想される費用と便益のどちらが大きいかによって決まります。

もう一つ、公共事業は非効率なので、企業に任せるべきだ、という批判もあります。ある事業の便益が費用を上回ることが予想されるとしても、それは、その事業には意義があるということを意味しているだけで、公共事業として進めるのが望ましいということを意味しているわけではありません。ある事業を政府が担うためには、企業が手を出さない「市場の失敗」が存在すること、あるいは企業よりも政府のほうが安くできることが証明されなければなりません。そして、よくみられるように市場の失敗の存否がグレー・ゾーンにある場合は、企業が参入できるのであれば、企業のほうが安くできそうにみえます。企業だって公共的な事業を担えるし、実際、様々なかたちで担うようになっています。

ただし、費用便益分析で便益のほうが大きければ公共事業を実施するべきだと考えるのが短絡的なのと同様に、企業が参入できそうなら企業に委ねたほうがよいと考えるのもまた短絡的です。企業と政府の双方について費用便益分析を試み、より有利なほうを選択するべきなのです。ここに、市場と政府の一つの境界が設定できます。さらには、ケインズが唱えたように、財政政策によって不況や失業を解消したり好景気をもたらしたりするのも政府の役割に入るという考え方もあります。この場合は、別の境界が設定されることになります。

市場も政府も、どちらも万能ではありません。両者の境界を設定するためには、経済学の視点からいえば、個々の事例について、両者の経済的なメリットを測定し、どちらが大きいかを知るために比較する手続きが必要です。

効用を論じることのアクチュアリティ

効用を論じることはアクチュアリティを持つか、といわれると、ちょっと困ります。でも、効用を土台としてくみたてられた新古典派経済学の所説を日常生活の様々な場面に適用することは、とても興味深い営みです。日常生活の見方が変わる可能性があるからです。もっとも、場合によっては、変わるのは新古典派経済学のほうかもしれませんが。

ベッカー（合衆国、一九三〇〜）によれば、新古典派経済学を利用して経済以外の領域の現象を分析すると、色々なことがよくわかります。たとえば宗教。各国では「カルト」と呼ばれる宗教を規制する動きがありますが、でも「競争の圧力があるときのほうが、宗教グループはどうすれば人びとの欲求をよりよく満たせるかを学ばざるをえない」（ベッカー他［a］二九頁）ので、これは逆効果です。たとえば移民。欧米諸国で問題になっている不法移民に対する対策としては、移民資格の競売が効果的です。それは「豊かな国々での労働から得られる大きな経済的利益のためならすすんで移住資格に高値をつけようとする、若く技能のある移民を有利な立場におく」（ベッカー他［a］五五頁）はずです。たとえば麻薬。麻薬取締りは逆効果です。逆に「麻薬を合法化すれば、末端取引価格は九〇％以上も下落する」（ベッカー他［a］一三六頁）はずですから、取引の利益はなくなり、売人は姿を消すはずです。つまり、どんな領域でも人間は経済人なのだから、自由と競争と市場メカニズムに委ねておけば大抵のことはうまくゆく、というわけです。

ベッカーは、新古典派経済学の枠組を、経済のみならず、宗教にも、移民にも、さらには麻薬にも適用してみせます。それを見ているうちに、ぼくらのものの見方が変わってきます。また、ベッカーは、自由放任という新古典派経済学の基本的な立場を様々な領域に適用しようと主張します。いわれてみると、そんな気がする人もいるでしょうし、どこか違和感を感じる人もいるかもしれません。ぼく自身はベッカーの人間観に問題があると思っていますが、いずれにせよ、ベッカーの所説を自分なりに評価するには、新古典派経済学を学ぶことが必要です。

さらに、新古典派経済学の中核をなすミクロ経済学を一新しつつあるゲーム理論も、経済の領域だけに留まっていません。食文化も、婚約指輪も、婦人服のバーゲンも、すべてこの理論を用いて説明できます（梶井［a］）。

新古典派にせよゲーム理論派にせよ、ミクロ経済学は個々の人間がどう行動するかというところから議論を始めます。その応用範囲が経済の領域をこえ、政治や社会の領域など、はるか遠くにまで及ぶのは、そのためです。

企業を論じることのアクチュアリティ

第二次世界大戦後の日本経済の復興を支えたのは、終身雇用、年功序列、企業別組合という「三種の神器」で武装した「日本型」といわれる企業でした。ところが、一九九〇年代に始まる長い不況は「硬直的な日本型企業の時代は終わった」という世論をうみだします（野口［b］）。

たしかに、終身雇用であれば人生の半分近くを一つの組織の内部で過ごすことになるし、年功序列であれば転職する気は起こりにくくなるし、企業別組合であれば労働組合も企業のお抱えになりやすいでしょう。だから、日本型企業が硬直的だというのは当たっているような気もします。でも、組織の性格という点から考えれば、日本型企業も一般の企業も、個人が人生の一定期間を過ごす組織であるという点では（程度の差こそあれ）変わりません。また、個人にとっての企業という点から考えれば、キャッチ・アップの時代であれ目的が曖昧で多様な時代であれ、否応なく企業とつきあわなければならない点では（程度の差こそあれ）変わりません。ですから、日本型企業に対する今日の批判は、いつ企業一般、さらには組織一般に対する批判に転化しても不思議ではありません。

この転化は、実際、緩やかに進んでいるようにみえます。たとえば「組織が個人を囲い込む」（太田

〔a〕八〜九頁）ことを批判し、ゆるやかで柔軟で小さな組織を作ろうと主張する所説が人口に膾炙しつつあります。「個人を囲い込む」ことをしない組織はありませんから、この批判はあらゆる組織にあてはまるはずです。

でも、そんなに囲い込まれるのがいやだったら、人々は企業に勤めずに自営業者になるはずです。人々が企業に勤めることの背景には、何らかのメリットがあるはずです。企業を批判するのであれば、この点を十分に考慮しなければなりません。

企業のメリットという問題を考えるときに役立つのが、コースやウィリアムソンが考案した取引費用の概念です。個人の視点から捉えなおすと、取引費用は「組織の外で行動するときも、中で活動するときも、いずれにせよかかる費用」のことです。市場だろうがボランティア活動だろうがネットワークだろうが、他の人間とつきあいながら暮らすときには必ず費用がかかります。そして、ぼくらは、組織の中でかかる費用と外でかかる費用を比較したうえで、組織に参加するか否かを決めるわけです。

失業を論じることのアクチュアリティ

一九七〇年代の石油ショックから今日に至るまで、先進国のどこかは必ず失業問題に悩んできました。最初はイギリス、次いで合衆国、ヨーロッパ諸国、そして一九九〇年代からは日本もその仲間入りを果たしました。では、失業をなくすにはどうすればよいのか。難問にみえるかもしれませんが、答えは簡単、景気を良くすればよいのです。むしろ問題はここからです。景気を良くするにはどうすればよいのか。景気を良くする政策はあるのか。あるとすれば、何か。景気の問題はつねにアクチュアルです。

これはマクロ経済学の問題です。そして、難問です。というわけで、景気を良くする方法、つまり景気政策をめぐって、マクロ経済学者はいつも論争しています。とくに不況のときには論争は激しくなります。それは、マクロ経済学が（好むと好まざるとにかかわらず）政策の学であることを宿命づけられているからです。

マクロ経済学が景気政策として提示してきたのは、財政政策と金融政策です。

このうち財政政策の有効性については、最近は疑問符が付けられるようになりました。それは、クラウディング・アウトの可能性といった理論的な問題点が指摘されたこともありますが、なによりも、どの国でも財政政策の財源が足りなくなり、公共事業が実施できなくなってきたという理由が響いています。

もう一つの金融政策は、ケインズ派は有効だと主張するのに対して、新古典派は無効だと主張し、論争の焦点となっています。具体的にいうと、発券業務を担う銀行が様々な手段で貨幣の供給を増やしたとき、投資や消費は増えるか、という問題です。新古典派によれば、貨幣の供給を増やしても、投資や消費は増えません。そして、人々も合理的に期待してそう考えますから、経済活動を変えようとはしないはずです。景気を良くするには生産性を上げることが必要であり、そのための政策としては、生産性が低い企業を退場させたり、イノベーションの必要条件となる環境を整備したりすることが挙げられます。これに対してケインズ派によれば、貨幣の供給を増やせば貨幣の価値は下がり、人々は投資や消費を始めるはずです。

さて、金融政策に対する二つの評価のうち、どちらが正しいのか。ここまで来るとぼくの手には負えませんが、ポイントは「価値貯蔵手段という貨幣の機能を認めるか否か」にあると思います。この機能を認めれば、将来の「不確実性」を考慮に入れることが必要になり、将来にかかわる期待も「不確実」になり、金融政策を用いて期待に働きかける余地が出てきます。認めなければ、将来の「不確実性」を考慮に入れる必要はなくなり、期待に働きかける余地はなくなり、金融政策の有効性は否定されます。貨幣が価値貯蔵手段という機能を果たしているか否か、日常生活に即して考えてみることが必要なようです。

経済学はアクチュアルなツールである

七つの主題に即して概観したように、これまで構想されてきた経済学のかなりの部分は、アマチュアの日常生活にとってアクチュアルな意義を持っています。

もちろん、もっとつっこんで考えると、アクチュアルな部分が増えてゆきます。たとえば、分配のところで垣間見た社会的選択理論をくわしく学ぶと、ものごとの決定方法について、常識的に考えると何の問題もないようにみえる多数決にも様々な問題があることがわかるはずです。効用のところで触れた進化（あるいは、くりかえし）ゲーム論をくわしく学ぶと、日本型企業の独特な性格の源がかなり根本的なところにあることがわかるはずです。そして、多数決も日本型企業の特徴も、ぼくらの日常生活に密接に関わっています。

あるいはまた、この本で扱わなかった主題に即して見れば、他にもアクチュアリティを備えた経済学の知識があるかもしれません。たとえば、所有という主題を見ると、個人の所有権は正当化できるのか、正当化できるとすればどんな根拠に基づいているのか、といった問題について、経済学者が様々な考察を展開していることがわかります。一方には、財は努力の産物だから、所有権は絶対である、という考えがあります。他方には、自給自足の場合を除いて、所有している財は自ら生産した財とは限らないから、所有権は絶対ではない、という考えもあります。これらを知っておくと、個人の所有権を様々なかたちで侵害する制度である税制に対する自分の意見を決めるときに役に立つはずです。もちろん、税制がぼくらの日常生活に密接に関わっていることは、いうまでもありません。

では、経済学が提供する知識のうち、アマチュアにとって必要な教養に属するのは、具体的にはどれか。

教養としての経済学の知識と、そうでない経済学の知識との間には境界線がありますが、それをみつけるためには、個々の知識を自分の日常生活とつきあわせ、アクチュアリティの存否を自分で確認する、という作業が必要です。そのうえでアクチュアリティがあると判断できたものが、教養を構成することになります。この本の中核をなしているのは、ぼくが、基本的には自分の日常生活とつきあわせ、さらに今日の様々な社会現象を考慮しながら、アクチュアルだと判断した知識です。だから、ぼくにとっては、この本で紹介した経済学は教養に属しています。ぼく自身としては、ぼくが採用した境界線が多くの人に共有されることを期待しています（が、当然ながら、そうなる保証はありません）。教養とは、こんな取捨選択に基づく点で、とても個人的なものです。ただし、だからといって、それは主観的なものではありません。経済学が供給する知識も、個人の日常生活も、ともに現実に存在し、その意味では客観的なものだからです。

知は力である

今度は経済学史に目を転じて、教養としての経済学を会得するうえで、それを学ぶことは役に立つのか、という問題を考えます。一般論としていえば、経済学史は諸々の所説を相対化し、経済学の見取り図として働き、また今日の様々な社会現象を考える際のヒントを提供しています。その意味で、経済学史もまたアクチュアルな性格を持っています。

ここでは、もうちょっと具体的に、実際の事例に即して経済学史を学ぶ意義を考えてみましょう。たとえば、モラル・エコノミー論の歴史を顧みると、市場メカニズムと合理性を直結して考える立場と、直結して考えない（前者を信頼しないからといって、後者を欠いているとはいえない、と考える）立場とがあることがわかります。古典派から新古典派に至る経済学を見るだけでは、後者の立場が存在することはわかりませんから、二つの立場を比較するという発想は生まれないはずです。そして、後者の立場が拠ってたつ論理を知れば、前者の立場に対する理解や評価が深まるかもしれません。経済学史を学ぶと、個々の所説を相対化できるようになるのです。

あるいはまた、不況の際に金融政策をめぐって正面から対立する意見が登場するということはよく知られていますが、両者の違いの根底にあるものは、なかなかわかりづらいはずです。でも、二〇世紀初頭の経済学界を顧みると、貨幣や期待が様々な分野で大きなトピックだったことがわかります。そのうえでマクロ経済学の歴史を顧みると、金融政策をめぐる対立の背景には貨幣や期待をめぐる理解の違いがあるのではないか、という気がしてきます。経済学史は、こんなかたちで経済学の見取り図として働くのです。

さらに、企業を経済学の対象にしようとする営みの歴史を顧みると、「ぼくらはなぜ企業を作る（あるいは属する）のか」という、これまで（少なくともぼくは）考えたこともないような問題に目を開かされます。そして、こんな問題を念頭に置くと、企業の組織形態をめぐる様々な議論を評価する際に「取引費用」という概念が利用できるようになります。経済学史は、現実を理解するためのヒントを提供してくれるのです。

もちろん、ここで挙げた例を見ればすぐにわかるように、経済学史を学ぶことから得られるメリットは、一人一人によって違います。その意味で、経済学史を学ぶ意義もまた個人的なものです。ただし大切なのは、にもかかわらず、経済学の歴史を包括的に知っておくと、個々の経済学者の所説をばらばらに知るだけでは得られないものが得られる、ということです。これは、誰にでも当てはまるはずです。経済学史を学ぶことに普遍的な意義があるとしたら、この点です。

さらにいえば、アマチュアの最終的な目的は、あれやこれやの経済学者の所説を相対化するとか、経済学の全容を見渡すとか、現実を理解するためのヒントを手に入れるとかいったことにはありません。それは、経済の領域で直面する事象を自分なりに理解することです。そのためには、教養としての経済学を知っておくことが必要です。そして、そのためには経済学史を学ぶことが有効なはずです。まとめておきましょう。経済学史を学ぶのは、経済学を身に付けるためです。経済学は一つの知識ですが、知識を身に付けるのは良い日常生活を営むためです。日常生活を営むに際して、知識はぼくらの役に立つはずです。そう、知は力なのです。

【読書案内】

この本の読書案内

最後に、この本を読んで経済学や経済学史に一層の関心を持った場合のために、簡単な読書案内をします。その前に、どんな意図でこの本を書いたかを記しておきましょう。つまり、余計なお世話かもしれませんが、この本の読書案内みたいなものです。

まずもって、この本は経済学史の入門的な概説書として書かれています。個々の経済学者や学派について、とりあげ方が十分とはいえませんが、経済学の歴史の概略はわかるはずです。なお、経済学の歴史を叙述するにあたって、この本では、大抵の概説書と異なり、古い順に経済学者をとりあげるとか、学派毎に分けて整理するとかいった構成を採用しませんでした。それは、ぼくの関心が、経済学にとって重要な主題は何だったのか、それらの間の関係はどんなものか、各々の主題はどう論じられてきたのか、また、その背景にはどんな現実があったのか、といった点にあったからです。

なぜこんな関心にもとづいてこの本を構成したのか、というと、それは、この本に（ひそかに）経済学の初心者向けの入門書という性格も持たせたかったからです。経済学を学びはじめるときの王道は、経済学の入門的な教科書を読むことです。ただし、教科書を読んでいると、人によっては、現実との関係が見えないとか、そこに書かれている理論がどこまで正しいのかとかいった疑問を感じることがあります。ぼくは、そんな場合には経済学の全体的な見取り図を頭に入れることが役に立つと思っています。そうすれば、どこに現実との接点があるのか、各々の理論をどう位置づければよいのか、といったことがわかってくるはずだからです。というわけで、この本でぼくは、時間、経済学の主題、経済学者や学派、背後にあった現実、という四つの次元のなかで、経済学の見取り図を描いてみました。成功しているか否かはわかりませんが。

理論と現実の関係や、理論と理論の関係を重視した理由は何か、というと、それは、この本が（さらにひそかに）学問や知識のあり方を論じる書として構想されたからです。「学問や知識のあり方」なんていうと堅苦しそうですが、ぼくがいいたかったのは、経済学は（アマチュアを含めて）誰にとっても必要な教養の一部だ、ということに尽きます。これもまた余計なお世話かもしれませんが、でも、日常生活を営むうえで、経済学を含めた知識はあったほうがよいはずです。経済の領域に関わらずに日常生活を送ることは、ぼくらにとっては不可能なのですから。
もちろんどう読むかを決めるのは書いた人間ではありませんが、ぼく自身は、こんな意図にもとづいてこの本を書いたわけです。

【読書案内】

経済学史の教科書

では、本題の読書案内に入ります。まず経済学史については、とりあえず、この本よりも高度で専門的な教科書に目を通すところから始めましょう。なお、経済学史の教科書は星の数ほどあり、玉石混交で、しかも読者との相性という問題があるため、以下の案内は主観的なものにすぎません。また、日本で出版されている経済学史の教科書の多くは（伊藤編［a］など）古典派経済学に重点を置く傾向にあります。こんな事情を念頭に置きつつ、参照に値する教科書を二つの種類にわけて紹介します。

一つ目は、標準的な教科書です。その例としては「古典的な諸問題を現代の経済学の観点から再検討し、同時に現代経済学の自己批判に資する」根岸隆『経済学の歴史』や、対象とする経済学者や経済学から一定の距離をとり、なるべく標準的な経済学を用いて解釈しようとする姿勢を採る三土修平『経済学史』があります（根岸［b］、三土［a］）。馬渡尚憲『経済学史』のように辞典としても利用できるほどの豊富な情報を含むものもあれば（馬渡［a］）、間宮陽介『市場社会の思想史』など簡明な記述を旨とするものもあります（間宮［a］）。

これらのうち、ぼくが興味深かったのは、グラフや数式が少ないうえに平易な文を用いた八木紀一郎他『経済学の歴史』と、重要な経済学者だけを論じた根井雅弘『経済学の歴史』でした（八木他［a］、根井［a］）。

二つ目は、特徴的な内容を持ち、その意味で一読に値する教科書です。様々なものがありますが、スミス以前の、いわゆる経済学前史を十全に論じる教科書は、有江大介『労働と正義』を除くと（有江［a］）、ほとんどありません。限界革命後の新古典派経済学を主要な対象とする経済学史の教科書も、松嶋敦茂『現代経済学史』や菱山泉『近代経済学の歴史』が目立つくらいで（松島［a］、菱山［a］）、決して多くはありません。また、太田一廣他『経済学の世界へ』や西沢保他編『経済政策思想史』が採用している経済学と現実の関係を重視するアプローチや、高哲男編『自由と秩序の経済思想史』が採用している「経済学の歴史……を、自由と社会秩序をめぐる思想の断層写真として再構成し、現代の経済学や経済思想それ自体の立体構造を透視する」アプローチなど、様々なアプローチがあることも記憶しておきましょう（太田他［a］、西沢他編［a］、高編［a］一頁）。

これらのうち、ぼくが興味深かったのは、センス・オヴ・ワンダー（わくわくする気持ち）を伝えてくれる内田義彦の名著『経済学の生誕』、森嶋通夫のまったく独自な経済学史書『思想としての近代経済学』、独特な視点で経済学者たちの系譜をたどっていて印象深い尾近裕幸他編著『オーストリア学派の経済学』、この三冊です（内田［a］、森嶋［a］、尾近他編著［a］）。

その先へ

これらの教科書を読み、経済学の理論そのものに関心を持った場合は、経済学の教科書を読むことになります。また、特定の経済学者や学派の業績に関心を持った場合は、彼(女)たちを対象とする研究書を読みつつ、彼(女)たちの手になる原典にとりくむことになります。

まず、経済学の教科書については、それこそ本屋に行けば山のような群れを目にすることができます。ただし、それらは玉石混交です。こういうときは、王道を行くのが一番。入門的な教科書についても、「ネコでもわかる」とか「三分でわかる」とかいったものよりは、寝そべって読むには厚すぎるとしても優れた経済学者の手になるもののほうが、結局は役に立ちます。また、今日の経済学の中枢をなしているのはミクロ経済学ですから、まず手にとるべきはミクロ経済学のしっかりした入門的教科書だということになります。この条件をみたし、またぼくが思いつくものとしては、伝統的なアプローチにもとづくスティグリッツ『入門経済学』、ゲーム理論的なアプローチを採用する梶井厚志他『ミクロ経済学』、この二冊があります(スティグリッツ[a]、梶井他[a])。これが「きほんのき」になるはずです。

また、個別の経済学者や学派に関する研究書の多くは、日本語で読めます。それは、日本人の経済学史学者が多くの著作を発表し、また、外国語で書かれた重要な研究書のかなりの部分を翻訳してきたからです。この本では、それらをほとんど省略しています。でも、大部分は、大抵の経済学史の教科書に付されている参考文献リストに並んでいるので、そちらを見てください。ただし、目を通すべき業績は、まさに天文学的な数にのぼることを覚悟しておく必要があります。たとえば、日本語で書かれた本だけを見ても、「アダム・スミス」をタイトルに含むものは一〇〇冊以上、「ケインズ」の場合は三〇〇冊以上、「マルクス」に至っては二〇〇〇冊をはるかにこえます。この他に幾多の洋書が存在する可能性を考えると、少なくともぼくは気が遠くなりそうです。

最後に、原典の多くは日本語で書かれていません。スミス、リカード、ジェヴォンズなどの著書は英語だからまだよいとして、ワルラスの著書はフランス語、マルクスの著書はドイツ語、アキナスの著書に至ってはたしかラテン語です。こんな場合は、信頼できる翻訳書を探し、みつけたら利用するのが近道です（ぼくもそうしました）。さらにまた、専門的な経済学の辞典も手元に置いておくと便利です（経済学史学会編［a］や経営学史学会編［a］など）。

ここまで来ると、ぼくらは教養の一歩も二歩も先に進んだことになります。そして、そこには広大な知の領域が待っているはずです。

あとがき

この本のタイトルにある「ライブ」という言葉には、三つの意味が込められています。一つ目は、入門的で教科書的な本を書くにあたって、なるべく語り下ろしの感じを出したかったということです。二つ目は、経済学の歴史を勉強しなおすのと同時にこの本を書いていったということです。そして、三つ目は、経済学の歴史はアクチュアルでライブ感溢れる知のカタログなんだということを伝えたかったということです。このタイトルは編集の労をお取りいただいた勁草書房の徳田慎一郎さんの発案によるものですが、ぼくの気持ちにもぴったりくるものでした。

それにしても、どうにか原稿をかきおえたいま、二〇年近く放っておいた宿題をやっつけた気がします。長い回り道だったかもしれませんが、社会経済史学や社会思想史学を遍歴した痕跡はこの本に残っているはずです。社会経済史学を専攻したことで、様々な経済学を、それらが生まれた時代状況と（むりやり）関連付けてみよう、というアイデアが生まれました。社会思想史学を（ほんのちょっと）かじったことで、経済学史学は単なる懐古趣味ではなく、「経済学の見取り図」を描くという、教養としての経済学にとって不可欠の課題を担っている、と考えるようになりました。成否は別にして、また本文から読みとれるか否かは別にして、この本にオリジナリティがあるとしたら、この二点（だけ）です。

この本は、東北大学経済学部で二〇〇一年度に「経済学史」を講義する際に作成し、受講した皆さんの便宜のためにWWW上で公開した講義ノートを元にしています。シラバスや受講していた皆さんの声など講義の記録はWWW上に残っているので、関心をお持ちの場合はご覧ください（http://www.econ.tohoku.ac.jp/~odanaka/gakushi01/index.html）。

この本を書くに際して、講義を受講してくれた皆さんが寄せてくれた意見や質問がとても役に立ちました。また、講義を手伝ってくれた溝渕英之くんは、一般不可能性定理の手ほどきまでしてくれました（教師の立場はいずこへ……）。講義が終わったあと、講義ノートをWWW上に放っておいたら、旧友の稲葉振一郎くんがコメントを付けてくれました。そして、そのコメントを見てくださったのか、徳田さんから「これを本にしましょう」という（二重の意味で）ありがたい申し出がありました。それを受けて、間違っていた点を修正しつつ、大幅に加筆改稿して出来上がったのがこの本です。さらにまた、同僚の川端望くんには（無理をいって）原稿を読んでいただきました。これら皆さんに、心からお礼をもうしあげます。

なお、微力（というよりも、ほとんど無力）にして対象範囲が広大だったため、様々な間違いや欠落があるかもしれません。そういった点の指摘も含め、ご意見やご感想をお寄せいただければ幸いです

(odanaka@econ.tohoku.ac.jp)。また、当初は「開発」に関する章を含める予定でしたが、スペースの関係などでカットしました。センやヌルクセを対象とするこの章の原稿はWWW上に公開してありますので、ご関心をお持ちの場合はご覧ください(http://www.econ.tohoku.ac.jp/~odanaka/ch8.html)。

私事になりますが、今年、ぼくは不惑を迎えます。いやはや。もっとも、惑いきたった来し方を顧みると、もうしばらく惑いつづけるに違いありませんが。こんなぼくにつきあってくれるかみさんと娘に、Merci de tout coeur! 最後に、本書を、やがて米寿を迎えるというのに房総で悠々独り暮らしを続けている祖母・工藤綾子と、古希も遠くない父・小田中聰樹と母・小田中圭子に奉げます。

二〇〇三年六月八日　杜の都にて

小田中　直樹

第二刷にあたっての追記:祖母・工藤綾子は、あたかも本書第一刷の刊行を待っていたかのように、二〇〇三年一一月二三日に息をひきとった。Merci et adieu ma chère Grand-maman!

人名索引

あ行

か行

さ行

た行

な行

は行

ま行

ら行

わ行

事項索引

さ行

た行

な行

は行

ま行

や行

ら行

文献

原典

アカロフ（Akerlof, G.）［a］：『ある理論経済学者のお話の本』（幸村千佳良他訳，ハーベスト社，1995，原著 1984）．

アキナス（Aquinas, T.）［a］：『神学大全』第 18 巻（稲垣良典訳，創文社，1985，原著 1485）．

アリストテレス（Aristoteles）［a］：『政治学』（田中美知太郎他訳，同編『アリストテレス』，中央公論社，1979，原著s.d.）．

アリストテレス（Aristoteles）［b］：『ニコマコス倫理学』上巻（高田三郎訳，岩波書店・岩波文庫，1971，原著s.d.）．

アロー（Arrow, K.）［a］：『社会的選択と個人的評価』（長名寛明訳，日本経済新聞社，1977，原著 1951）．

ヴィクセル（Wicksell, J.）［a］：『利子と物価』（北野熊喜男他訳，日本経済評論社，1984，原著 1898）．

ウィットマン（Wittman, D.）［a］：『デモクラシーの経済学』（奥井克美訳，東洋経済新報社，2002，原著 1995）．

ウィリアムソン（Williamson, O.）［a］：『市場と企業組織』（浅沼萬里他訳，日本評論社，1980，原著 1975）．

ウェッブ夫妻（Webb, B. and S.）［a］：『産業民主制』（高野岩三郎他訳，法政大学出版局，1927，原著 1920，なお原著初版 1897）．

ヴェブレン（Veblen, T.）［a］：『有閑階級の理論』（高哲男訳，筑摩書房・ちくま学芸文庫，1998，原著 1899）．

ヴェブレン（Veblen, T.）［b］：『企業の理論』（小原敬士訳，勁草書房，1965，原著 1904）．

ヴェブレン（Veblen, T.）[c]：『経済的文明論』（松尾博訳，ミネルヴァ書房，1997，原著 1914）．

エッジワース（Edgeworth, F.）［a］：*Mathematical Psychics*（London, 1881）．

カルドア（Kaldor, N.）［a］：“Welfare Propositions of Economics and Interpersonal Comparison of Utility”（*The Economic Journal* 195, 1939）．

グリーン（Green, T.）［a］：『イギリス教育制度論』（松井一麿他訳，御茶の水書房，1983，原著 1877-1881）．

クルノー（Cournot, A.）［a］：『富の理論の数学的原理に関する研究』（中山伊知郎訳，日本経済評論社，1982，原著 1838）．

グロスマン（Grossman, G.）他［a］：『イノベーションと内生的経済成長』（大住圭介他訳，創文社，1998，原著 1991）．

ケインズ（Keynes, J.）［a］：『雇用・利子および貨幣の一般理論』（塩野谷九十九訳，東洋経済新報社，1941，原著 1936）．

コース（Coase, R.）［a］：『企業・市場・法』（宮沢健一他訳，東洋経済新報社，1992，原著 1988）．

ゴッセン（Gossen, H.）［a］：『人間交易論』（池田幸弘訳，日本経済評論社，2002，原著 1854）．

コモンズ（Commons, J.）［a］：『資本主義の法律的基礎』上巻（中村一彦他訳，コロナ社，1964，原著 1924）．

コモンズ（Commons, J.）［b］：『集団行動の経済学』（春日井薫他訳，文雅堂書店，1958，原著 1951）．

サージェント（Sargent, T.）［a］：『合理的期待とインフレーション』（榊原健一他訳，東洋経済新報社，1988，原著 1986）．

サミュエルソン（Samuelson, P.）［a］：『経済分析の基礎』（佐藤隆三訳，勁草書房，1967，原著 1947）．

サミュエルソン（Samuelson, P.）［b］：『経済学』（都留重人訳，岩波書店，1966，原著 1964，原著初版 1948）．

サミュエルソン（Samuelson, P.）［c］：『サミュエルソン経済学体系』第 7 巻（酒井泰弘他訳，勁草書房，1991，原著 1966-1972）．

サン・シモン（Saint-Simon, C.）［a］：『産業者の教理問答』（森博訳，岩波書店・岩波文庫，2001，原著 1823-1825）．

ジェイコブズ（Jacobs, J.）［a］：『市場の倫理・統治の倫理』（香西泰訳，日本経済新聞社，1998，原著 1992）．

ジェヴォンズ（Jevons, S.）［a］：『経済学の理論』（小泉信三他訳，日本経済評論社，1981，原著 1871）．

シュンペーター（Schumpeter, J.）［a］：『経済発展の理論』（上下巻，塩野谷祐一他訳，岩波書店・岩波文庫，1977，原著 1912）．

スコット（Scott, J.）［a］：『モーラル・エコノミー』（高橋彰訳，勁草書房，1999，原著 1976）．

スミス（Smith, A.）［a］：『道徳感情論』（水田洋訳，筑摩書房，1973，原著1759）.

スミス（Smith, A.）［b］：『国富論』（大河内一男他訳，中央公論社・中公文庫，1978，原著1776）.

チャヤノフ（Chaianov, A.）［a］:『小農経済の原理』（磯部秀俊他訳，刀江書院，1927，原著1911-1912）.

チューネン（Thünen, J.）［a］：『孤立国』（近藤康男他訳，日本経済評論社，1989，原著1826-1863）.

ディッキンソン（Dickinson, H.）［a］：「ミークの『転形問題についての覚書』へのコメント」（櫻井毅訳，同他編訳『論争・転形問題』，東京大学出版会，1978，原著1956）.

デュピュイ（Dupuit, A.）［a］：『公共事業と経済学』（栗田啓子訳，日本経済評論社，2001，原著1844-1853）.

トムソン（Thompson, E.）［a］："The Moral Economy of the English Crowd in the Eighteenth Century" (*Past and Present* 50, 1971).

ナイト（Knight, F.）［a］：『危険・不確実性および利潤』（奥隅栄喜訳，文雅堂書店，1959，原著1948，原著初版1921）.

根岸隆［a］：『ケインズ経済学のミクロ理論』（日本経済新聞社，1980）.

ノイマン（Neumann, J.）他［a］：『ゲームの理論と経済行動』（阿部修一他訳，東京図書，1972-1973，原著1943）.

ノージック（Nozick, R.）［a］：『アナーキー・国家・ユートピア』（嶋津格訳，木鐸社，1985-1989，原著1974）.

ハイエク（Hayek, F.）［a］：『個人主義と経済秩序』（嘉治元郎他訳，春秋社，1990，原著1949）.

バーグソン（Bergson/Burk, A.）［a］："A Reformulation of certain Aspects of Welfare Economics" (*Quarterly Journal of Economics* 52, 1938).

バーリ（Berle, A.）他［a］：『近代株式会社と私有財産』（北島忠男訳，文雅堂銀行出版社，1958，原著1932）.

パレート（Pareto, V.）［a］：『数学的経済均衡理論』（早川三代治訳，丸善，1931，パレート［b］の部分訳）.

パレート［b］：*Manuale di economica politica con una introduzione alla scienza sociale* (Milano, 1906).

ピグー（Pigou, A.）［a］：『厚生経済学』第1巻（永田清監訳，東洋経済新報社，1955，原著1920，付録の原著は1951）.

ピーコック（Peacock, A.）他［a］：*The Growth of Public Expenditure in the United Kingdom* (Princeton, 1961).

フィリップス（Phillips, A.）［a］："The Relation between Unemployment and the rate of Change of Money Wage Rates in the United Kingdom, 1861-1957" (*Economica* 25, 1958).

ブキャナン（Buchanan, J.）他［a］：『公共選択の理論』（黒川和美他訳，東洋経済新報社，1979，原著 1962）．

フリードマン（Friedman, M.）［a］：『インフレーションと失業』（保坂直達訳，マグロウヒル好学社，1978，原著 1970-1977）．

フリードマン（Friedman, M.）他［a］：『選択の自由』（西山千明訳，日本経済新聞社・日経ビジネス人文庫，2002，原著 1980）．

ベヴァリジ（Beveridge, W.）［a］：『ベヴァリジ報告・社会保険および関連サービス』（山田雄三他訳，至誠堂，1969，原著 1942）．

ホッブズ（Hobbes, T.）［a］：『リヴァイアサン』第１巻，第２巻（水田洋訳，岩波書店・岩波文庫，1992，原著 1651）．

ホブハウス（Hobhouse, L.）［a］：『自由主義』（清水金二郎訳，三一書房，1946，原著 1911）．

ポプキン（Popkin, S.）［a］：*The Rational Peasant* (Berkeley, 1979).

マーシャル（Marshall, A.）［a］：『経済学原理』（永澤越郎訳，岩波ブックサービスセンター，1985，原著 1920，原著初版 1890）．

マルクス（Marx, K.）［a］：『資本論』第１巻（岡崎次郎訳，大月書店・国民文庫，1972，原著 1867）．

マルクス（Marx, K.）［b］：「ヴェラ・ザスーリッチへの手紙」（同『資本主義的生産に先行する諸形態』，手島正毅訳，大月書店・国民文庫，1963，原著 1881）．

マルサス（Malthus, T.）［a］：『人口論』（永井良夫訳，中央公論社・中公文庫，1973，原著 1798）．

マルサス（Malthus, T.）［b］：『経済学原理』上巻（小林時三郎訳，岩波書店・岩波文庫，1968，原著 1820）．

マン（Mun, T.）［a］：『外国貿易によるイングランドの財宝』（渡辺源次郎訳，東京大学出版会，1965，原著 1664）．

ミーゼス（Mises, L.）［a］：「社会主義共同体に於ける経済計算」（ハイエク編『集産主義計画経済の理論』，迫間眞治郎訳，実業之日本社，1950，原著 1920）．

ミュース（Muth, J.）［a］：“Rational Expectations and the Theory of Price Movements”（*Econometrica* 29-3, 1961）.
ミル（Mill, J. S.）［a］：『経済学原理』（戸田正雄訳，春秋社，1939，原著 1848）.
ミルグロム（Milgrom, P.）他［a］：『組織の経済学』（奥野正寛他訳，NTT 出版，1997，原著 1992）.
メンガー（Menger, C.）［a］：『国民経済学原理』（安井琢磨他訳，日本経済評論社，1999，原著 1871）.
ランゲ（Lange, O.）［a］：「社会主義の経済理論」（リピンコット編『計画経済理論』，土屋清訳，社会思想研究会出版部，1951，原著 1936-1937）.
リカード（Ricardo, D.）［a］：『経済学及び課税の原理』（竹内謙二訳，千倉書房，1981，原著 1817）.
ルーカス（Lucas, R.）［a］：『マクロ経済学のフロンティア』（清水啓典訳，東洋経済新報社，1988，原著 1987）.
レーニン（Lenin, V.）［a］：『ロシアにおける資本主義の発達』（副島種典訳，大月書店・国民文庫，1962，原著 1899）.
ロビンズ（Robbins, L.）［a］：『経済学の本質と意義』（辻六兵衛訳，東洋経済新報社，1957，原著 1932）.
ロールズ（Rawls, J.）［a］：『正義論』（矢島鈞次他訳，紀伊國屋書店，1979，原著 1971）.
ワグナー（Wagner, A.）［a］：『ワグナー氏財政学』（瀧本義夫訳，同文館，1904，原著 1880，抄訳）.
ワルラス（Walras, L.）［a］：「リュショネと科学的社会主義」（御崎加代子訳，御崎加代子『ワルラスの経済思想』所収，名古屋大学出版会，1998，原著 1909）.
ワルラス（Walras, L.）［b］：『純粋経済学要論』（久米正男訳，岩波書店，1983，原著 1929，原著初版 1874-1877）.

参考文献

赤羽裕［a］：『低開発経済分析序説』（岩波書店，1971）.
浅羽通明［a］：『大学で何を学ぶか』（幻冬舎・幻冬舎文庫，1999，初版 1996）.
有江大介［a］：『労働と正義』（創風社，1990）.
石原俊時［a］：『市民社会と労働者文化』（木鐸社，1996）.
伊藤誠編［a］：『経済学史』（有斐閣，1996）.
伊藤貞夫［b］：『古典期アテネの政治と社会』（東京大学出版会，1982）.

内田義彦［a］：『経済学の生誕』（未来社，1962）．
絵所秀紀［a］：『開発の政治経済学』（日本評論社，1997）．
太田一廣他［a］：『経済学の世界へ』（有斐閣，1998）．
太田肇［a］：『囲い込み症候群』（筑摩書房・ちくま新書，2001）．
大瀧雅之［a］：『景気循環の読み方』（筑摩書房・ちくま新書，2001）．
岡田与好［a］：『経済的自由主義』（東京大学出版会，1987）．
小田中直樹［a］：『フランス近代社会 1814-1852』（木鐸社，1995）．
梶井厚志［a］：『戦略的思考の技術』（中央公論新社・中公新書，2002）．
梶井厚志他［a］：『ミクロ経済学』（日本評論社，2000）．
苅谷剛彦［a］：「中流崩壊に手を貸す教育改革」（『中央公論』編集部編『論争・中流崩壊』，中央公論新社・中公新書ラクレ，2001，初出 2000）．
栗田啓子［a］：『エンジニア・エコノミスト』（東京大学出版会，1992）．
クルーグマン（Krugman, P.）［a］：『良い経済学・悪い経済学』（山岡洋一訳，日本経済新聞社・日経ビジネス人文庫，2000，原著 1996）．
クルーグマン（Krugman, P.）［b］：「日本がはまった罠」（同『経済入門』，山形浩生訳，メディアワークス，1998，原著 1997）．
クーン（Kuhn, T.）［a］：『科学革命の構造』（中山茂訳，みすず書房，1971，原著 1962）．
経営学史学会編［a］：『経営学史事典』（文眞堂，2002）．
経済学史学会編［a］：『経済思想史辞典』（丸善，2000）．
近藤和彦［a］：『民のモラル』（山川出版社，1993）．
近藤和彦編［a］：『西洋世界の歴史』（山川出版社，1999）．
桜井万里子［a］：『ソクラテスの隣人たち』（山川出版社，1997）．
佐々木憲介［a］：『経済学方法論の形成』（北海道大学図書刊行会，2001）．
佐藤俊樹［a］：『不平等社会日本』（中央公論新社・中公新書，2000）．
鈴村興太郎他［a］：『アマルティア・セン』（実教出版，2001）．
スティグリッツ（Stiglitz, J.）［a］：『入門経済学』（藪下史郎他訳，東洋経済新報社，1999，原著 1997）．
高哲男編［a］：『自由と秩序の経済思想史』（名古屋大学出版会，2002）．
竹森俊平［a］：『経済論戦は蘇る』（東洋経済新報社，2002）．
橘木俊詔［a］：『日本の経済格差』（岩波書店・岩波新書，1998）．
遅塚忠躬［a］：『ロベスピエールとドリヴィエ』（東京大学出版会，1986）．
仲手川良雄［a］：『古代ギリシアにおける自由と正義』（創文社，1998）．
成瀬治［a］：『絶対主義国家と身分制社会』（山川出版社，1988）．

西沢保他編［a］：『経済政策思想史』（有斐閣，1999）．
西部忠［a］：『市場像の系譜学』（東洋経済新報社，1996）．
根井雅弘［a］：『経済学の歴史』（筑摩書房，1998）．
根岸隆［b］：『経済学の歴史』（東洋経済新報社，1983）．
野口旭［a］：『経済対立は誰が起こすのか』（筑摩書房・ちくま新書，1998）．
野口悠紀雄［b］：『1940 年体制』（東洋経済新報社，1995）．
橋場弦［a］：『丘のうえの民主政』（東京大学出版会，1997）．
尾近裕幸他編著［a］：『オーストリア学派の経済学』（日本経済評論社，2003）．
ハスキンズ（Huskins, T.）［a］：『12 世紀ルネサンス』（野口洋二訳，創文社，1985，原著 1927）．
菱山泉［a］：『近代経済学の歴史』（講談社・講談社学術文庫，1987，初版，有信堂，1965）．
広井良典［a］：『定常型社会』（岩波書店・岩波新書，2001）．
ベッカー（Becker, G.）他［a］：『ベッカー教授の経済学ではこう考える』（岡田滋行他訳，東洋経済新報社，1998，原著 1997，部分訳）．
ヘルツィヒ（Herzig, A.）［a］：『パンなき民と血の法廷』（矢野久他訳，同文館出版，1993，原著 1988）．
ホーウィット（Howitt, P.）［a］：『新地平のマクロ経済学』（岡村宗二他訳，勁草書房，1996，原著 1990-95）．
松尾匡［a］：『標準マクロ経済学』（中央経済社，1999）．
松島敦茂［a］：『現代経済学史』（名古屋大学出版会，1996）．
間宮陽介［a］：『市場社会の思想史』（中央公論新社・中公新書，1999）．
御崎加代子［a］：『ワルラスの経済思想』（名古屋大学出版会，1998）．
三土修平［a］：『経済学史』（新世社・サイエンス社，1993）．
峯陽一［a］：『現代アフリカと開発経済学』（日本評論社，1999）．
ミンツバーグ（Mintzberg, H.）他［a］：『戦略サファリ』（木村充他訳，東洋経済新報社，1999，原著 1998）．
馬渡尚憲［a］：『経済学史』（有斐閣，1997）．
森嶋通夫［a］：『思想としての近代経済学』（岩波書店・岩波新書，1994）．
八木紀一郎他［a］：『経済学の歴史』（有斐閣，2001）．
吉川洋［a］：『現代マクロ経済学』（創文社，2000）．
若田部昌澄［a］：『経済学者たちの闘い』（東洋経済新報社，2003）．

著者略歴

1963年生まれ．1991年東京大学大学院経済学研究科博士課程単位取得退学．現在，東北大学大学院経済学研究科教授，博士（経済学，東京大学）．『フランス近代社会　1814〜1852――秩序と統治』（木鐸社，1995年），『歴史学のアポリア――ヨーロッパ近代社会史再読』（山川出版社，2002年），『歴史学ってなんだ？』（PHP 研究所・PHP 新書，2004年），『ライブ・合理的選択論』（勁草書房，2010年），『ライブ・経済史入門』（勁草書房，2017年）ほか．

『ライブ・経済学の歴史』サポートページ：

http://www.econ.tohoku.ac.jp/~odanaka/support.html

ライブ・経済学の歴史 〈経済学の見取り図〉をつくろう

2003年10月10日　第1版第1刷発行
2023年3月10日　第1版第9刷発行

著者　小《お》田《だ》中《なか》直《なお》樹《き》

発行者　井村寿人

発行所　株式会社　勁《けい》草《そう》書房

112-0005　東京都文京区水道2-1-1　振替　00150-2-175253
（編集）電話 03-3815-5277／FAX 03-3814-6968
（営業）電話 03-3814-6861／FAX 03-3814-6854
港北メディアサービス・松岳社

ISBN978-4-326-55046-3　Printed in Japan

飯田 高	〈法と経済学〉の社会規範論	A5判	三三〇〇円	40224-3
小佐野 広・伊藤秀史 編著	インセンティブ設計の経済学 契約理論の応用分析	A5判	四一八〇円	50243-1
土場 学 ほか編集	社会を〈モデル〉でみる 数理社会学への招待	A5判	三〇八〇円	60165-3
金光 淳	社会ネットワーク分析の基礎 社会的関係資本論にむけて	A5判	五一七〇円	60164-6
小田中直樹	ライブ・合理的選択論 投票行動のパラドクスから考える	四六判	†三五二〇円	98467-1
小田中直樹	ライブ・経済史入門 経済学と歴史学を架橋する	四六判	二七五〇円	55078-4

†はオンデマンド出版です。

＊表示価格は二〇二三年三月現在。消費税は含まれております。

勁草書房刊